KB200563

팀 켈러의

방탕한 선지자

The Prodigal Prophet

The Prodigal Prophet
Jonah and the Mystery of God's Mercy

Copyright © 2018 by Timothy Keller
Korean Translation Copyright © 2019 by Duranno Ministry

This Korean edition published by arrangement
with Timothy Keller c/o McCormick Literary, New York,
through Duran Kim Agency, Seoul

팀 켈러의
방탕한 선지자

지은이 | 팀 켈러
옮긴이 | 홍종락
초판 발행 | 2019. 1. 23
17쇄 발행 | 2024. 4. 11
등록번호 | 제1988-000080호
등록된 곳 | 서울특별시 용산구 서빙고로65길 38
발행처 | 사단법인 두란노서원
영업부 | 02)2078-3333 FAX | 080-749-3705
출판부 | 02)2078-3330

책값은 뒤표지에 있습니다.
ISBN 978-89-531-3370-9 03230

독자의 의견을 기다립니다.
tpress@duranno.com www.duranno.com

두란노서원은 바울 사도가 3차 전도 여행 때 에베소에서 성령 받은 제자들을 따로 세워 하나님의 말씀으로 양육
하던 장소입니다. 사도행전 19장 8 - 20절의 정신에 따라 첫째 목회자를 돕는 사역과 평신도를 훈련시키는 사역,
둘째 세계선교TIM와 문서선교단행본・잡지 사역, 셋째 예수문화 및 경배와 찬양 사역, 그리고 가정・상담 사역 등을 감
당하고 있습니다. 1980년 12월 22일에 창립된 두란노서원은 주님 오실 때까지 이 사역들을 계속할 것입니다.

높아진 자아, 하나님을 거부하다

팀 켈러의

방탕한 선지자

팀 켈러 지음 ㅣ 홍종락 옮김

두란노

CONTENTS

●

Part 2

폭풍 속에서
내 신앙의 실체를 마주하다

——

●

Part 3

순종하지만,
다시
넘어지다

●

Part 4

하나님께로 돌아가라,
부르심의 자리로
달려가라

—

우리가 미처 몰랐던 요나

기독교 가정에서 자란 사람들이 그렇듯이 나도 어릴 때부터 요나 이야기를 자주 들으며 자랐다. 하지만 성경을 가르치는 목사로서 나는 이 짧은 책 때문에 몇 차례나 당혹감과 경이감을 맛보았다. 요나서는 해석자가 부담스러울 정도로 많은 주제를 담고 있기 때문이다. 심지어 너무나 많은 내용을 다루는 듯 보이기도 한다.

요나서는 민족과 민족주의를 다루고 있을까? 요나는 영적으로 길을 잃은 다른 민족의 도성보다 자기 나라의 군사적 안정에 더 관심을 가졌다. 그렇다면 요나서는 선교의 부르심을 다루고 있는 책일까? 하지만 결론적으로 부르심을 피해 달아났던 요나는 후회하고 뉘우친다. 마지막으로 하나님께 순종하고 그분을 신뢰하기 위한 그리스도인의 믿음의 싸움에 대한 책일까? 요나서는 이 모든 것을 포함하여 더 많은 주제를 다루고 있다. 이 책에 등장하는 이야기의 풍성함, 다층적 의미, 그리고 이 책을 인간의 삶과 생각의 수많은 부분에 다양하게 적용해 볼 수 있는 가능성을 밝히는 학문 연구의 결과물이 많다.[1]

나는 지금까지 목회를 하면서 총 세 번 요나서 전체를 설교했다. 그 과정에서 요나서의 '다양한 적용 가능성'을 발견하게 되었다. 첫 번째로 설교한 시점은 육체 노동자들이 주로 사는 남부 작은 도시의 교회에 부임해 사역할 때였다. 그로부터 10년 후에 맨해튼에서 수백 명의 젊은 독신 전문직 종사자들을 대상으로 요나서 강해 설교를 했다. 그리고 다시 10년 흐른 뒤 9·11의 비극이 발생한 직후에 뉴욕 시에서 여러 주일에 걸쳐 요나서로 설교를 했다. 각 경우마다 청중의 문화적 위치와 개인적 필요는 그지없이 달랐다. 하지만 분명한 것은 요나서 본문은 그들에게 강력한 메시지를 전달하는 임무를 감당하고도 남았다. 여러 해 동안 많은 교우들이 요나서 설교가 자신의 삶을 바꾸어 놓았다고 고백했다.

요나서의 이야기 전개에만 주목하는 독자는 이 책이 단순한 우화이고 커다란 물고기가 나오는 대목이 현실성이 떨어지는 극적인 정점이라고 생각하기 십상이다. 하지만 신중한 독자들은 이 책이 절묘하고 정교하게 짜인 문학 작품임을 알아본다.

요나서는 4장에 걸쳐 두 사건을 이야기한다. 1장과 2장에서 요나는 하나님의 명령을 받지만 그 명령에 순종하지 않는다. 3장과 4장에서 그는 다시 명령을 받고 명령을 수행한다. 두 이야기는 거의 완전한 평행 구조로 제시되어 있다.

장면 1	장면 2
요나, 이교도들, 바다	요나, 이교도들, 도시

요나와 하나님의 말씀

1:1 하나님의 말씀이 요나에게 임하다	3:1 하나님의 말씀이 요나에게 임하다
1:2 전해야 할 메시지	3:2 전해야 할 메시지
1:3 요나의 반응	3:3 요나의 반응

요나와 하나님의 세계

1:4 경고의 말씀	3:4 경고의 말씀
1:5 이교도들의 반응	3:5 이교도들의 반응
1:6 이교도 지도자의 반응	3:6 이교도 지도자의 반응
1:7 이교도들의 반응이 요나의 반응보다 근본적으로 더 나았다	3:7 이교도들의 반응이 요나의 반응보다 근본적으로 더 나았다

요나와 하나님의 은혜

2:1-10 하나님이 물고기를 통해 요나에게 은혜를 가르치시다	4:1-10 하나님이 식물을 통해 요나에게 은혜를 가르치시다

요나서 본문은 문학적 정교함에도 불구하고 많은 현대 독자들은 여전히 요나서를 제대로 이해하지 못하는 경향이 있다. 그 이유는 '큰 물고기'(요 1:17)가 요나를 삼킴으로써 요나가 폭풍에서 건짐을 받았기 때문이다. 이 기록을 바라보는 입장은 성경의 나머지 부분을 어떻게 읽는가에 따라 달라진다. 하나님의 존재와 그리스도의 부활(훨씬 더 큰 기적)을 받아들인다면, 요나서를 문자적으로 읽는 일이 특별히 어려울 이유는 없다.

오늘날 많은 이들은 모든 기적이 불가능하다고 믿는다. 하지만 그런 회의론은 말 그대로 입증될 수 없는 신념일 뿐이다.[2] 뿐만 아니라, 본문을 살펴보면 저자가 기적 이야기를 지어냈다는 증거가 보이지 않는다. 소설가는 흔히 흥분을 자아내거나 볼거리를 만들어 내기 위해 초자연적 요소를 덧붙인다. 요나서의 저자는 그런 식으로 이 사건을 이용하지 않는다. 그는 짧은 두 절에서만 물고기를 언급하고 자세한 모습은 묘사하지 않는다. 실제로 벌어진 단순한 사실로 전할 뿐이다.[3] 그러니 물고기 문제에 너무 집중하지 말자.

주의 깊게 짜인 요나서의 구조는 저자의 메시지에 담긴 여러 미묘한 측면을 드러낸다. 요나서의 두 사건 모두 독실한 신자인 요나가 민족적, 종교적으로 자신과 다른 사람들을 어떻게 바라보고, 그들과 어떻게 어울리는지를 보여 준다. 요나서는 하나님이 기독교 공동체 너머의 사회와 사람들을 사랑하신다는 것과, 해로운 민족주의와 다른 민족에 대한 멸시를 반대하신다는 것, 그리고 우리의 삶과 마음에서 작용하는 우상 숭배의 미묘하고 피할 수 없는 힘에도 불구하고 세상에서 '사명을 감당'하는 법에 대하여 많은 통찰을 제시한다. 이러한 통찰력을 얻게 되면 세상에서 분쟁 조정자, 화평하게 하는 자, 화해의 중재자가 될 수 있다. 지금은 그런 사람들이 절실히 필요한 시대이다.

하지만 우리의 사회적 관계에 대한 이 모든 교훈을 이해하려면 요나서의 주된 가르침이 사회학적인 것이 아니라 신학적임을 알아야 한다. 요나가 원한 것은 스스로 만들어 낸 신이다. 그는 니느웨 사람들처럼 사악하고 못된 민족은 벌을 받기 원했다. 그리고 요나와 자신의 민족과 같은 착한 사람들에게는 복을 주는 신을 원한다. 그런데 요나의 가짜 신이 아니라 진짜 하나님이 자꾸만 나타나시자 그는 분노하거나 절망한다. 그의 눈에 하나님은 진짜 수수께끼다. 그는 하나님의 자비와 하나님의 정의를 조화시킬 수가 없었다. 요나는 하나님께 그런 폭력과 악행을 저지른 사람들에게 어떻게 자비와 용서를 베푸실 수 있느냐고 따지듯 묻는다. 어떻게 하나님이 자비로운 동시에 정의로울 수 있을까?

요나서는 이 질문에 대답하지 않는다. 하지만 성경 전체의 일부로서 요나서는 성경의 전반적 줄거리가 앞으로 한 단계 나아가게 만드는 한 장과도 같다. 요나서의 가르침에 힘입어 우리는 하나님이 스스로를 궁극의 요나라고 부르신 분(마 12:41)을 통해 어떻게 세상을 구원하셔서 자신도 의로우시고 믿는 자들을 의롭다고 하실지(롬 3:26) 내다보게 된다. 이 복음을 온전히 파악할 때 비로소 우리는 니느웨 사람들 같은 잔인한 착취자들이나 요나

같은 바리새인 신자가 되는 것을 모두 피하고 성령으로 변화받아 그리스도를 닮은 사람들이 될 수 있을 것이다.

요나서를 연구한 많은 학자들은 요나서의 전반부에서 요나가 예수님의 유명한 비유(눅 15:11-24)에 등장하는 아버지를 떠나 달아난 '탕자'(prodigal son)의 역할을 한다는 데 주목했다. 하지만 요나서의 후반부에서 요나는 '형'(눅 15:25-32)의 모습과 같다. 탕자의 형은 아버지에게 순종하지만 아버지가 회개하는 죄인들에게 은혜를 베풀자 그를 나무란다. 예수님의 비유는 아버지가 바리새인 같은 아들에게 던지는 질문으로 끝나고, 요나서는 하나님이 바리새인 같은 선지자 요나에게 던지시는 질문으로 끝이 난다. 두 이야기의 유사성은 예수님이 의도하신 것일 수도 있어서 나는 이 책의 제목을 '방탕한 선지자'(prodigal prophet)로 정했다.

The
Prodigal
Prophet

Part 1

하나님을 피해

달아나다

¹ 여호와의 말씀이 아밋대의 아들 요나에게 임하니라 이르시되 ² 너는 일어나 저 큰 성읍 니느웨로 가서 그것을 향하여 외치라 그 악독이 내 앞에 상달되었음이니라 ³ 그러나 요나가 여호와의 얼굴을 피하려고 일어나 다시스로 도망하려 하여

1.

성난 사명자

'하나님의 선하심' 때문에

절망했다

요나 1:1-3a[1]

이야기는 요나에게 "여호와의 말씀이 임"하는 것
으로 시작된다. 이는 선지자들에 대한 기록을 시작하는
통상적인 방식이다. 특히 하나님은 위기의 때에 선지자
들을 불러 이스라엘에게 말씀을 전하게 하셨다. 그러나
2절에 따르면 요나서의 최초 독자들은 이것이 이전에 보
았던 어떤 선지자의 기록과는 다름을 깨달았을 것이다.
하나님은 요나를 불러 "저 큰 성읍 니느웨로 가서 외치
라"라고 하셨다. 이 말씀은 여러 차원에서 놀라웠다.

우선, 히브리 선지자에게 이스라엘을 떠나 이방 도
시로 가라는 부름이었기에 충격적이었다. 그 전까지 선
지자들은 하나님의 백성에게만 보냄을 받았다. 예레미
야, 이사야, 아모스가 이방 나라들에게 주시는 몇몇 예언
의 말씀을 전했지만, 그중 누구도 다른 나라로 직접 가서
설교를 하도록 보냄을 받지 않았다. 즉 요나의 사명은 전
례 없는 일이었다.

이스라엘의 하나님이 앗수르 제국의 수도였던 니느

웨의 임박한 파멸을 경고하기 원하신다는 것은 더욱 충격적이었다. 앗수르는 고대에서도 매우 잔인하고 폭력적인 제국이었다. 앗수르 왕들은 그들의 군사적 승리의 결과를 기록해 두었는데, 평원이 시체들로 즐비하고 도시들이 완전히 불탄 것을 흡족해 하는 내용이었다. 살만에셀 3세(Shalmaneser III)는 적들에 대한 고문, 사지 절단, 목 베는 장면을 커다란 돌기둥에 부조로 소름끼칠 만큼 자세히 묘사한 것으로 유명하다. 앗수르의 역사는 "우리가 아는 그 어떤 역사보다 유혈이 낭자하고 끔찍하다."[2] 앗수르인들은 적을 사로잡은 후 두 다리와 한쪽 팔을 잘라 냈다. 한쪽 손을 남겨 둔 이유는 죽어가는 희생자의 손을 잡고 조롱하기 위해서였다. 그들은 희생자의 친구와 가족들에게 사랑하는 사람의 잘린 머리를 장대에 매달고 행진하게 했다. 포로들의 혀를 잡아 뺐고, 밧줄로 그들의 몸을 잡아 당겨 산채로 가죽을 벗기고 그 가죽을 성벽에 전시했다. 그들은 살아 있는 청소년들을 불태웠다.[3] 도성이 파괴되는 과정에서 살아남은 이들은 노예가 되었고, 잔인하고 폭력적인 대우를 견뎌야만 했다. 앗수르 민족

21

을 부르는 명칭은 '테러 국가'였다.[4]

앗수르 제국은 예후 왕 통치 기간(BC 842-815)에 이스라엘에 막대한 조공을 부과하기 시작했고 요나의 생애 내내 유대인들의 왕국을 계속해서 위협했다. BC 722년, 앗수르는 결국 북왕국 이스라엘과 사마리아를 침공하여 파괴했다.

그런데 하나님이 요나를 바로 이 나라로 보내신 것이었다. 하나님은 요나에게 니느웨의 악에 대해 도시에 "경고하여 외치라"라고 말씀하셨지만, 그들이 심판을 면할 가능성이 아예 없었다면 경고할 이유도 없었을 것이다. 요나는 그 점을 아주 잘 알고 있었다(4:1-2). 그런데 선하신 하나님이 어떻게 앗수르와 같은 민족에게 그분의 자비를 경험할 일말의 가능성을 주실 수 있을까? 도대체 하나님은 왜 자기 백성의 원수들을 도우시는 것일까?

어쩌면 이 이야기의 가장 놀라운 요소는 하나님이 보내기로 선택하신 사람, '아밋대의 아들 요나'일지도 모른다. 성경에는 그에 대한 어떠한 배경도 나와 있지 않은데, 소개가 필요 없는 사람이기 때문일 것이다. 열왕기하

14장 25절은 요나가 이스라엘 왕 여로보암 2세 치하(BC 786-746)에서 사역한 것으로 나타난다. 본문에 따르면, 요나는 왕의 통치가 불의하고 불충하다고 비판했던 아모스나 호세아 같은 선지자들과 달리, 국가의 힘과 영향력 확대를 꾀하는 여로보암의 강력한 군사 정책을 지지했다. 요나서의 최초 독자들은 요나를 대단히 애국적이고 상당히 당파적인 민족주의자로 기억했을 것이다.[5] 그리고 하나님이 그런 사람을 그가 가장 두려워하고 증오했던 백성에게 보내어 말씀을 전하게 하신 것을 놀라워했을 것이다.

　이 사명은 어떤 면에서도 말이 되지 않았다. 심지어는 사악한 계략처럼 보일 정도이다. 이스라엘 사람 중 누가 이런 생각을 했다면, 사람들은 그를 멀리하거나 심한 경우엔 처형했을 것이다. 하나님이 어떻게 이처럼 조국의 이익을 배반하는 일을 요구하실 수 있단 말인가?

"일어나 니느웨로 가라"라는 하나님의 부름에 의도적으로 행하듯 요나는 '일어나' 정반대 방향으로 향한다 (3절). 다시스는 당시 이스라엘 사람들이 아는 세계의 서쪽 끝에 위치했다.[6] 한마디로, 요나는 하나님이 말씀하신 것과 정반대인 동쪽으로 가라는 부름을 받고 서쪽으로 향했다. 육로로 가라는 지시를 받고 바다로 갔다. 큰 도시로 보냄을 받았는데 세상 끝으로 가는 배를 탔다.

그는 왜 이런 행동을 했을까? 요나의 생각과 동기에 대한 온전한 설명은 요나서 뒷부분에서 요나의 말이 등장할 때까지 기다려야 들을 수 있다. 하지만 이 지점에서 우리는 본문을 통해 몇 가지를 추측해 볼 수 있다. 먼저 요나가 자신이 받은 사명이 실제적으로나 신학적으로 이치에 맞지 않다고 생각했으리라는 짐작은 충분히 가능할 것이다.

하나님은 여기서도 (뒤에 가서도) 니느웨를 저 '큰' 도시라고 부르시는데, 실제로 니느웨는 정말 큰 도시였다.

니느웨는 군사 문화의 중심지였다. 그곳 주민들이 요나 같은 이방 사람의 말에 귀를 기울였을까? 가령, 1941년에 한 유대인 랍비가 베를린 거리에 서서 나치 독일을 향해 회개를 촉구했다면 그는 얼마나 오래 목숨을 부지했을까? 가장 실제적 수준에서 성공의 전망은 찾아볼 수 없었고 죽었을 가능성은 높았을 것이다.

요나의 눈에는 이 사명이 신학적으로 전혀 타당해 보이지 않았을 것이다. 선지자 나훔은 여러 해 전에 하나님께서 니느웨를 그 악 때문에 멸망시킬 거라고 예언한 바 있었다.[7] 요나와 이스라엘은 나훔의 예언이 전적으로 합당하다고 받아들였을 것이다. 이스라엘은 하나님이 택하시고 사랑하신 백성이요, 하나님은 그들을 통해 세상에서 그분의 뜻을 이루고 계신 것이 아니었는가? 니느웨는 주님을 거역하는 악한 공동체가 아니었는가? 앗수르는 당대 기준으로 보더라도 유달리 폭력적이고 억압적이지 않았는가? 하나님은 그 나라를 당연히 멸망시키셔야 했다. 그것은 분명하고 더 말할 것도 없는 사실이었다(요나도 그렇게 생각했을 것이다). 요나가 받은 사명이 성공한다면 하나님이 이스라엘에게 주신 약속이 어그러질 테고 나훔은 거짓 선지자가 되는 것이 아닌가? 그런데 요나의 임무가 어떻게 정당화될 수 있단 말인가?

도저히 하나님을 이해할 수도 믿을 수도 없다

요나는 자신의 임무를 이해할 수 없었다. 그런데 자신에게 그 일을 맡기신 분은 그보다 더 이해할 수 없었다.[8] 요나는 하나님의 명령을 정당화할 어떤 합당한 근거도 찾을 수 없었다. 그런 근거는 존재하지 않는다는 결론을 내렸다. 그는 하나님의 선하심, 지혜, 정의를 의심했다.

우리 모두 이와 비슷한 경험이 있다. 진료실에서 의사가 전하는 검사 결과에 충격을 받는다. 직장을 구할 마지막 희망까지 사라져 더 이상 괜찮은 일자리를 얻지 못할 것이라는 생각에 절망한다. 늘 원했지만 가능할 거라고 생각도 못했던 연인과의 관계, 완벽할 것만 같았던 그 관계가 추락하여 깨어진 이유를 알지 못한다. 정말 하나님이 존재하신다면 제대로 일을 할 줄 모르시는 거라는 생각이 들 것이다. 삶의 여러 상황에서 돌이켜 성경 자체의 가르침을 상기시켜도, 이치에 맞지 않는 주장들이 가득한 것처럼 보인다. 현대인들의 눈에는 특히 그러할 것이다.

이런 일이 벌어질 때 우리는 결정을 내려야 한다. 무엇이 최선인지 하나님이 아실까, 아니면 우리가 알까? 홀로 방치된 인간의 마음은 기본적으로 늘 우리가 '안다'는 쪽으로 결정을 내린다. 우리는 하나님이 선하신지, 하나님이 우리의 행복에 헌신적인지 의심하기 때문에, 하나님의 말씀과 행하심에 합당한 이유가 우리 눈에 보이지 않으면 그런 이유가 아예 없다고 생각해 버린다.

아담과 하와가 에덴동산에서 바로 이 같은 일을 했다. 하나님의 첫 번째 명령은 이것이었다. "여호와 하나님이 그 사람에게 명하여 이르시되 동산 각종 나무의 열매는 네가 임의로 먹되 선악을 알게 하는 나무의 열매는 먹지 말라. 네가 먹는 날에는 반드시 죽으리라 하시니라"(창 2:16-17).

27

그런 열매가 있었고 그것이 "먹음직도 하고 … 보암 직도 하고 … 탐스럽기도"(창 3:6) 했지만, 하나님은 그것을 먹는 일이 잘못인 이유를 전혀 제시하지 않으셨다.

아담과 하와는 오랜 세월 후의 요나처럼, 하나님의 명령에 대한 타당한 근거를 찾을 수 없다면 그런 근거는 존재하지 않는다고 판단했다. 하나님이 그들에게 가장 유익한 것을 주기 원하신다고 신뢰할 수 없었던 것이다. 그래서 그들은 그 열매를 먹었다.

하나님을 피해 달아나는 두 가지 방법

요나는 하나님을 피해 달아났다. 한발 물러서서 요나서 전체를 바라보면, 인간이 하나님을 피해 달아나는 데는 두 가지 전략이 있음을 요나를 통해 배울 수 있다. 바울은 이것을 로마서 1-3장에서 요약하고 있다.

먼저 바울은 공공연히 하나님을 거부하고 "모든 불의, 추악, 탐욕, 악의가 가득한"(롬 1:29) 자들에 대해 말한다. 그리고 2장에서는 성경을 따르려고 하는 이들에 대해 이야기한다. "네가 율법을 의지하며 하나님을 자랑하며 율법의 교훈을 받아 하나님의 뜻을 알고 지극히 선한 것을 분간하며"(롬 2:17-18).

바울은 우상을 숭배하고 부도덕한 이방인들과 성경을 믿는 도덕적 유대인들을 모두 바라본 후에 주목할 만한 요약으로 결론을 내린다. "의인은 없다. 한 사람도 없다. … 모두가 곁길로 빠[졌다]"(롬 3:10-12, 새번역).

한 집단은 하나님의 율법을 따르려고 성실하게 노력하고 다른 집단은 그것을 무시하지만, 바울은 둘 다 "곁길로 빠졌다"라고 말한다. 그들은 각기 다른 방식으로 하나님으로부터 달아나고 있다. 부도덕해지고 종교를 떠나는 방식으로 하나님으로부터 달아날 수 있다는 것은 다들 아는 사실이다. 하지만 바울은 대단히 종교적이고 도덕적인 사람이 됨으로써 하나님을 피하는 것도 가능하다고 말하고 있다.

하나님을 피해 달아나는 이 두 가지 방식에 대한 복음서의 고전적 사례를 누가복음 15장의 두 아들 비유[9]에서도 찾을 수 있다. 유산을 챙겨 집을 떠난 동생은 아버지의 도덕적 가치관을 모두 거부하고 자신이 원하는 방식으로 사는 것으로써 아버지의 통제에서 벗어나려 했다. 형은 집에 머물면서 아버지에게 철저히 순종했지만, 아버지가 남은 재산으로 큰아들인 자신이 동의할 수 없는 일을 하자 분노를 쏟아낸다. 이 지점에서 그 역시 아버지를 사랑하지 않았음이 극명하게 드러난다.

큰아들이 아버지에게 순종한 것은 사랑해서가 아니었다. 순종이 아버지에게 감정적 부채감을 안겨 주어 자신이 원하는 대로 하도록 통제하는 방법이라고 생각한 것뿐이다. 두 아들 모두 아버지의 사랑을 신뢰하지 않았다. 둘 다 아버지의 통제를 벗어날 길을 열심히 찾고 있었을 뿐이다. 한 아들은 아버지의 규칙에 다 순종함으로써, 다른 아들은 다 불순종함으로써 그렇게 했다.

플래너리 오코너(Flannery O'Connor)는 자신의 소설 속 주인공 헤이즐 모츠(Hazel Motes)를 "예수를 피하는 길은 죄를 피하는 것"[10]임을 아는 존재로 그렸다. 우리는 종교적 규칙을 지키고 덕스러움과 선함을 확보하면 소위 '치러야 할 것을 다 치렀다'라고 생각한다. 그 이후에는 하나님이 우리에게 어떤 것도 요구할 수 없고 이젠 하나님이 갚으셔야 할 차례라고 본다. 그분에게는 우리의 기도를 들으시고 복 주실 의무가 있다고 생각하는 것이다. 이것은 감사하는 기쁨, 기꺼운 순복, 사랑으로 하나님께 나아가는 것이 아니라, 하나님을 통제하여 결과적으로 그분과 거리를 두는 방법일 뿐이다.

　　하나님을 회피하는 두 가지 방식 모두 우리의 유익을 위하시는 하나님의 열심을 신뢰할 수 없다는 거짓말이 그 바탕에 깔려 있다. 우리는 우리에게 필요한 것을 내놓으시도록 하나님께 강력히 요구해야 한다고 생각한다. 겉으로는 하나님께 순종하는 것처럼 보여도, 하나님이 아니라 우리를 위해서 그렇게 하고 있다. 하나님의 규칙을 따르려고 할 때 우리가 생각하는 방식으로 하나님이 우리를 대하시지 않는 것 같으면, 도덕과 의로움의 겉치장은 하룻밤 새 무너진다. 오랫동안 하나님과 거리를 두던 내면의 상태가 외적이고 노골적인 거부로 드러난다. 결국 우리는 하나님께 격분하여 그대로 떠난다.

하나님을 피해 달아나는 이 두 가지 방식에 대한 구약성경의 고전적 사례가 요나서에 있다. 요나는 '동생'처럼 굴다가 나중에는 '형'처럼 행동한다. 요나서의 첫 두 장에서 그는 주님께 불순종하고 그분을 피해 달아나지만 결국 회개하고 하나님의 은혜를 구한다. 집을 떠났다가 회개하고 돌아온 동생과 같다.

그러나 요나는 마지막 두 장에서는 니느웨에 가서 말씀을 전하라는 하나님의 명령에 순종한다. 하지만 두 경우 모두 요나는 스스로 상황을 통제하려 했다.[11] 하나님이 니느웨 사람들의 회개를 받아주셨을 때, 요나는 누가복음 15장의 형처럼 죄인들에게 은혜와 긍휼을 베푸신 하나님께 발끈하며 독선적 분노를 터뜨린다.[12]

여기서 바로 요나는 하나님의 자비라는 신비와 직면하게 된다. 이것은 신학적 문제인 동시에 마음의 문제이기도 하다. 요나가 자신의 죄를 의식하고 온전히 하나님의 자비에 의지하여 사는 존재임을 깨닫지 않는 한, 그는 하나님이 어떻게 악한 사람들에게 자비를 베푸시면서 여전히 정의롭고 신실하실 수 있는지 결코 이해하지 못할 것이다. 요나서는 하나님이 때로는 요나의 손을 잡고, 때로는 멱살을 잡아 이끄시면서 온갖 우여곡절 끝에 이런 것들을 보여 주시는 이야기다.

요나는 하나님께로부터 달아나고 또 달아난다. 그러나 그가 아무리 다양한 전략을 구사해도, 주님이 언제나 한 걸음 앞서신다. 하나님 역시 다양한 전략을 구사하시면서 그분의 자비를 이해하지 못하고 받을 자격도 없는 우리에게 새로운 방식으로 끊임없이 자비를 베푸신다.

The
Prodigal
Prophet

Part 2

폭풍 속에서

내 신앙의 실체를 마주하다

³ 욥바로 내려갔더니 마침 다시스로 가는 배를 만난지라 여호와의 얼굴을 피하여 그들과 함께 다시스로 가려고 뱃삯을 주고 배에 올랐더라 ⁴ 여호와께서 큰 바람을 바다 위에 내리시매 바다 가운데에 큰 폭풍이 일어나 배가 거의 깨지게 된지라

하나님의 막으심

세상의 폭풍에
갇히다

요나 1:3b-4

요나는 달아나지만 하나님은 그를 보내 줄 마음이 없으시다. 하나님은 "큰 바람을 바다 위에 내리"셨다(4절). 여기서 "내리셨다"라고 번역된 단어는 창 같은 무기를 던질 때 주로 쓰인다(삼상 18:11). 이는 하나님이 요나의 배 주변 바다에 강력한 폭풍을 일으키셨음을 생생하게 보여 준다. 그것은 '큰'(gedola, 게돌라) 바람이었고, 니느웨를 묘사할 때 등장한 단어이다. 요나가 큰 도시로 들어가기를 거부한다면, 큰 폭풍 속으로 들어가게 될 것이다. 여기서 우리는 당혹스러운 소식과 위안이 되는 소식을 듣게 된다.

모든 죄에는 폭풍이 따르기 마련이다

당혹스러운 소식은 하나님께 불순종하는 모든 행위에 폭풍이 함께하는 것이다. 이것은 구약성경의 지혜 문학, 그중에서도 특히 잠언의 큰 테마 중 하나이다. 여기서 우리는 주의해야 한다. 우리 삶에 일어나는 모든 어려운 일이 특정한 죄의 형벌이라고 생각해서는 안 된다. 욥기 전체가 착한 사람들의 삶은 잘 되고 삶에 문제가 생기면 본인 탓이 분명하다는 통상적 믿음을 반박한다. 성경은 모든 어려움이 죄의 결과라고 말하지 않는다. 하지만 모든 죄는 분명히 어려움을 초래한다고 성경은 분명히 가르친다.

몸을 함부로 하면서 건강을 유지하기를 바랄 수는 없다. 사람들을 무심하게 대하면서 우정을 기대할 수는 없다. 자신의 이기적 관심사를 공공선보다 우선시하면서 사회가 제대로 돌아가기를 바랄 수는 없다. 무슨 일이든 우리가 그 설계와 목적을 위반하면, 즉 우리 몸, 인간관계, 사회에 대해 죄를 지으면, 그것들이 우리에게 반격을 가한다. 그로 인한 결과가 따라오게 되어 있다.

하나님의 율법을 위반하는 것은 그분의 설계를 위반하는 일이다. 하나님은 그분을 알고 섬기고 사랑하도록 우리를 만드셨기 때문이다. 성경은 하나님이 죄를 벌하신다는 것에 대해 가끔 말할 뿐 아니라("무릇 마음이 교만한 자를 여호와께서 미워하시나니 … 벌을 면하지 못하리라"[잠 16:5]) 죄 자체가 우리를 벌한다는 말도 한다("악인의 폭력은 자신을 멸망으로 이끄니, 그가 바르게 살기를 거부하기 때문이다"(잠 21:7, 새번역). 둘 모두 사실이다. 모든 죄에는 폭풍이 따른다.

구약학자 데릭 키드너(Derek Kidner)는 이렇게 썼다. "죄는 … 삶의 구조에 부담을 안겨 주어 결국 그것을 무너뜨린다."[1] 일반적으로, 거짓말쟁이들은 거짓말에 넘어가고, 공격하는 사람들은 공격을 당하고, 칼로 사는 사람들은 칼로 죽는다. 하나님은 우리를 하나님을 위해 살도록 창조하셨기에 우리의 삶에는 영적 '기정 사실'이 존재한다. 하나님 외의 다른 것 위에 우리의 삶과 의미를 쌓아 올리는 것은 우주와 우리의 설계, 즉 우리 존재의 결에 맞지 않게 행동하는 것이다.

요나가 불순종한 결과는 즉각적이고 극적으로 나타난다. 강력한 폭풍이 곧장 그를 덮친다. 폭풍이 얼마나 즉각적이고 맹렬했던지 이교도 뱃사람들조차도 그 초자연적 근원을 알아보았다. 하지만 죄의 결과가 늘 이렇게 나타나는 것은 아니다. 죄의 결과는 흔히 많은 양의 방사선에 노출되었을 때 신체에 나타나는 반응과 더 비슷하다. 노출되는 순간에는 바로 고통을 느끼지 못한다. 총알이나 칼에 맞는 것과 다르다. 당장에는 몸의 이상을 느끼지 못하다가 서서히 시간이 흐르고 난 뒤 증상이 나타나는데, 그때쯤이면 이미 돌이킬 수 없다.

죄는 의지가 스스로에게 가하는 자살 행위다. 중독성 마약을 복용하는 것과 같다. 처음에는 기분이 너무 좋지만, 한번 복용할 때마다 멈추기가 점점 더 어려워진다. 한 가지 예를 들어 보자. 원한에 사로잡히면 복수를 상상하며 만족감을 느끼게 된다. 그러다 보면 느리지만 확실하게 자기 연민이 커지고 신뢰하고 관계를 누리는 능력은 약화되며 일상생활에서의 행복이 줄어든다. 죄는 언제나 양심을 무감각하게 하고, 사람을 자기방어와 합리화의 감옥에 가두며, 안에서부터 사람을 삼킨다.

모든 죄에는 강력한 폭풍이 따른다. 폭풍의 이미지가 강력하게 다가오는 것은 오늘날처럼 기술적으로 진보한 사회에서도 날씨는 통제할 수 없기 때문이다. 폭풍에는 뇌물을 건넬 수도 없고 논리와 언변으로 막을 수도 없다. "너희가 … 여호와께 범죄함이니 너희 죄가 반드시 너희를 찾아낼 줄 알라"(민 32:23).

하나님 은혜를 새로운 방식으로
이해하는 여행이 시작되다

죄에 늘 폭풍이 따른다는 것이 당혹스러운 소식이라면, 위안이 되는 소식도 있다. 요나에게 폭풍은 죄의 결과였지만, 그곳에는 뱃사람도 함께 있었다.

많은 경우 삶의 폭풍은 특정한 죄의 결과가 아니라 타락하고 문제 많은 세상에서 사는 사람에게 불가피하게 따라오는 결과에 해당한다. "사람은 고생을 위하여 났으니 불꽃이 위로 날아가는 것 같으니라"(욥 5:7)라는 말도 있듯이, 세상에는 파괴적 폭풍이 가득하다. 그러나 이제 살펴보겠지만, 이 폭풍은 뱃사람들 탓이 아니었고 그들은 폭풍 덕분에 참되신 하나님에 대한 진실한 믿음에 이르게 된다. 요나는 하나님의 은혜를 새로운 방식으로 이해하는 여행을 시작한다. 삶에서 만나는 폭풍이 우리 잘못의 결과이든 아니든, 그리스도인들은 하나님이 폭풍을 통해 우리에게 유익을 주신다는 약속을 받았다(롬 8:28).

하나님이 아브라함을 지구상 모든 믿는 자들의 아버지가 될 수 있는 믿음의 사람으로 만들기 원하셨을 때,

약속을 받고도 이루어질 기미가 없는 채로 오랜 방랑의 세월을 보내게 하셨다. 하나님이 오만하고 지독한 응석받이 십대였던 요셉을 인격자로 바꾸기 원하셨을 때, 모진 세월을 지나게 하셨다. 요셉은 노예의 삶과 투옥 생활을 견디고 나서야 자기 백성을 구원할 수 있었다. 모세는 도망자가 되어 외로운 광야에서 40년을 보낸 후에야 백성을 이끌 수 있었다.

성경은 모든 어려움이 죄의 결과라고 말하지 않는다. 하지만 그리스도인들에게는 모든 어려움이 마음을 지배하는 죄의 위력을 줄이는 데 도움이 될 수 있다고 분명히 가르친다. 폭풍은 우리를 일깨워 폭풍 없이는 결코 볼 수 없었을 진실을 깨닫게 할 수 있다. 다른 식으로는 생겨날 수 없는 믿음, 소망, 사랑, 인내, 겸손, 절제가 폭풍으로 인해 우리 안에 생겨날 수 있다. 큰 폭풍에 떠밀려 하나님께로 나아가는 바람에 그리스도를 믿고 영생을 얻게 되었다고 증언하는 사람들이 수없이 많다.

마찬가지로 이번에도 우리는 신중해야 한다. 창세기의 첫 몇 장은 하나님이 세상과 인류를 창조하신 이유가 고통, 질병, 자연 재해, 노화와 죽음을 맛보게 하기 위해서가 아니라고 분명하게 가르친다. 인간이 하나님께 등을 돌렸을 때 악이 세상에 들어왔다. 하나님은 그분의 마음을 우리와 단단히 묶으셨다. 그렇기 때문에 우리가 세상에서 죄와 고통을 경험할 때 그분의 마음에 고통이 가득해지고(창 6:6) "[우리가] 고난을 받을 때에 주님께서도 친히 고난을 받으[신다]"(사 63:9, 새번역).[2] 하나님은 체스 두는 사람이 체스판의 말을 옮기듯 부심하게 우리를 이리저리 옮기시는 분이 아니다. 하나님이 우리가 겪는 어려움을 통해 무엇을 이루시는지는, 설령 밝혀진다 해도 흔히 여러 해가 지나야 드러나게 된다.

폭풍 속 깊은 곳에
하나님의 자비가 있다

많은 시련과 어려움의 배후에서 하나님의 사랑이 담긴 지혜로운 목적을 분별하기는 어렵다. 그러나 하나님이 그런 시련과 어려움을 통제할 수 없다거나 우리의 고통이 무작위하고 무의미하다고 상상한다면 더욱 더 절망적일 것이다.

요나는 무시무시한 폭풍 깊은 곳에서 하나님의 자비가 작용하여 그의 마음을 변화시키고자 그를 끌어당기고 있음을 알아보지 못했다. 사건 초기에 요나가 이것을 놓친 것은 놀랍지 않다. 그는 하나님이 우리를 구원하러 세상에 어떻게 오실지 전혀 알지 못했다. 하지만 십자가 이후를 살아가는 우리는 하나님이 약함, 고통, 분명한 패배를 통해 구원하실 수 있음을 안다. 예수님이 죽어 가시는 모습을 지켜보았던 사람들은 상실과 비극 밖에 보지 못했다. 하지만 그 어둠 한복판에서 하나님의 자비가 강력하게 작용하여 우리를 위한 사죄와 용서를 가져왔다. 하나님의 구원은 고난을 통해 세상에 들어왔고, 그분의 구원하는 은혜와 능력은 우리가 어려움과 슬픔을 겪을 때 우리 삶에서 더욱 강하게 역사할 수 있다. 우리의 폭풍 저 깊은 곳에 하나님의 자비가 있다.

⁵ 사공들이 두려워하여 각각 자기의 신을 부르고 또 배를 가볍게 하려고 그 가운데 물건들을 바다에 던지니라 그러나 요나는 배 밑층에 내려가서 누워 깊이 잠이 든지라 ⁶ 선장이 그에게 가서 이르되 자는 자여 어찌함이냐 일어나서 네 하나님께 구하라 혹시 하나님이 우리를 생각하사 망하지 아니하게 하시리라 하니라

3.

세상의 꾸짖음

나만의 성벽을 세운
눈먼 신앙이었다

요나 1:5-6

요나서는 대칭적 구조로 양분된다. 이는 요나가 하나님을 피해 달아나는 기록과 그가 니느웨로 가는 사명의 기록이다. 각 부분은 세 항목으로 이루어진다. 하나님이 요나에게 하시는 말씀, 이방인 이교도들과 요나의 만남, 마침내 요나가 하나님께 드리는 말씀으로 이루어진다. 그리고 요나는 민족적, 종교적으로 다른 사람들과 두 번 가깝게 만난다. 두 경우 모두 요나는 상대를 무시하고 도움이 안 되는 행동을 하는 반면, 이교도들은 한결같이 요나보다 훌륭하게 처신한다. 여기서 하나님이 신자들이 비신자들과 어떻게 관계하고, 어떻게 대하는지에 관심을 가지신다는 요나서의 주요 메시지 중 하나가 드러난다.

요나서로 설교하고 가르치는 이들은 흔히 이 부분을 놓치고 우리가 복음을 외국에도 기꺼이 전해야 한다는 사실만 강조한다. 그것은 분명 옳은 말이다. 하지만 요나와 이교도들의 상호작용에 담긴 좀 더 온전한 의미를 놓치는 일이다. 하나님은 우리가 다른 민족, 다른 믿음을 가진 사람들을 존중하고 사랑하여 그들을 너그럽고 정의롭게 대하기를 원하신다.

요나는 니느웨에 가서 말씀을 전하라는 하나님의 부르심을 거부했다. 그는 이교도들에게 하나님에 대해 말하고 싶지 않았고 그들을 믿음으로 이끌고 싶지도 않았다. 그래서 달아났다. 하지만 어느새 그는 자신이 피해서 달아났던 바로 그 부류의 사람들에게 하나님에 대해 말하고 있었다!

맹렬한 폭풍이 시작되자 "사공들이 두려워"했다(5절). 나쁜 날씨 정도는 가볍게 헤치고 살아온 숙련된 뱃사람들의 이런 반응을 보면 무시무시한 폭풍이었던 것이 분명하다. 하지만 요나는 배 밑창으로 내려가 곤히 잠들었다. 19세기 스코틀랜드의 목사 휴 마틴(Hugh Martin)은 요나가 '슬픔의 잠'을 자고 있었다고 말한다. 그것이 무엇인지 많은 이들이 정확히 안다. 즉, 요나는 잠에 빠져 잠시나마 현실을 도피하고 싶은 마음이었다.[1] 요나는 분노, 죄책감, 불안과 슬픔이라는 강력한 감정들에 붙들려 완전히 힘이 빠지고 녹초가 되고 고갈된 상태였다.

요나의 이런 모습은 경멸받는 이방인 뱃사람들과 도덕적으로 존경받는 이스라엘 선지자 사이에 꼼꼼하게 펼쳐 놓은 몇 가지 대조적인 그림 중 하나이다. 요나는 자신이 처한 위험을 모르고 있지만, 뱃사람들은 더없이 또렷이 알고 있었다. 요나는 자신의 문제에 완전히 빠져 있지만 뱃사람들은 배에 탄 모든 사람의 공공선을 추구하고 있다. 그들은 각자의 신에게 기도하지만 요나는 자신의 하나님께 기도하지 않는다. 그들은 이 폭풍이 우연한 자연재해가 아니라 기이하고 강력한 현상임을 감지할 만큼 영적으로 깨어 있었다. 아마도 이 폭풍은 자연의 힘이라고 말할 수 없을 만큼 느닷없이 닥쳤을 것이다. 뱃사람들은 이 폭풍이 신이 보낸 것이 분명하고, 누군가의 심각한 죄 때문에 발생한 것일 수 있다는 예리한 결론을 내린다.[2] 끝으로, 그들은 편협하거나 편견을 가지고 있지 않았다. 그들은 요나의 하나님께 기도하는 일에도 열려 있었다. 아니, 그들은 요나보다 더 기꺼이 하나님의 이름을 부른다.

　　선장은 잠든 선지자를 발견하고 이렇게 말한다. "일

어나서 … 구하라!"(히브리어 gum lek, 쿰 렉[6절]). 여기서 사용된 단어들은 하나님이 일어나 가서 니느웨를 회개로 불러오라고 요나를 부르실 때 사용하신 바로 그 단어들이다.[3] 그런데 요나가 잠이 깨기 위하여 눈을 비비는 동안에 한 이방인 뱃사람이 하나님이 하셨던 말씀을 그대로 되뇐다. 이것이 어찌된 일일까? 하나님은 선지자를 보내어 이교도들에게 하나님을 전하라고 하셨다. 하지만 지금 도리어 이교도들이 선지자에게 하나님을 전하고 있다.

뱃사람들은 계속해서 훌륭하게 처신한다. 폭풍의 배후에 인간의 죄와 하나님의 손이 있음을 감지한 그들은 제비를 뽑는다. 신의 뜻을 분별하기 위한 제비뽑기는 고대에서 아주 흔한 방법이었다. 각 사람의 이름이 막대기에 적혀 있었을 것이며, 아마도 요나의 이름이 뽑힌 것 같다.[4] 하나님은 제비뽑기를 통해 요나를 지목하신다. 하지만 뱃사람들은 하나님이 유도하신 듯한 그 상황에서도 공포에 질리지 않고 요나에게 대뜸 성난 손찌검을 하지 않는다. 자신들에게 요나를 죽일 권한이 주어졌다고 생각하지 않았다. 오히려 뱃사람들은 올바른 결정을 내리기 위해 요나의 증언과 증거를 신중하게 검토한다. 그들은 요나와 그의 하나님께 최고의 존경을 표시한다. 요나가 자기를 배 밖으로 던지라고 말해도 어떻게든 그렇게 하지 않으려고 최선을 다한다. 그들은 모든 면에서 요나보다 낫다.

이 대목에서 요나서의 저자는 우리에게 많은 것을 보여 주고 있다. 요나는 무엇을 배웠어야 했을까? 그리고 우리는 무엇을 배워야 할까?

우리는 모두 세상이라는 한 배를 탔다

첫째, 믿음의 공동체 바깥에 있는 사람들에게는 교회가 모두의 선에 얼마나 헌신하는가를 보고 교회를 평가할 권리가 있음을 알 수 있다.

뱃사람들은 위기에 처해 있다. 그들은 자신들이 가진 기술과 종교적 자원을 사용했지만 그것만으로는 역부족이었다. 그들은 요나의 도움 없이는 자신들이 구원받을 수 없음을 감지했다. 그러나 요나는 도움이 될 만한 어떤 일도 하지 않는다. 그래서 이교도 선장이 하나님의 거룩한 선지자를 꾸짖는, 잊기 어려운 장면이 연출된다. 휴 마틴은 이 본문을 가지고 '세상이 교회를 꾸짖다'라는 제목의 설교를 했다.[5] 그는 요나가 꾸짖음을 들어 마땅하고, 오늘날의 교회도 상당 부분 같은 꾸짖음을 들어야 한다는 결론에 이른다.

선장은 무슨 일로 요나를 꾸짖는가? 요나가 그들의 공공선에 아무런 관심이 없기 때문이다. 선장은 이렇게 말한다. "우리가 죽게 된 것이 안 보이시오? 우리의 어려움에 어쩌면 그렇게 무심할 수가 있소? 내가 보니 당신은 믿음의 사람인데, 어째서 당신의 믿음을 공공선을 위해 사용하지 않는 거요?" 자크 엘륄(Jacques Ellul)은 이렇게 썼다.

이 욥바의 뱃사람들은 … 이교도들, 현대어로 말하면 비그리스도인들이다. 그러나 … 비그리스도인들과 그리스도인들의 운명은 … 이어져 있다. 한 배를 타고 있는 것이다. 모두의 안전은 각자가 하는 일에 달려 있다. … 그들은 같은 폭풍을 만났고 같은 위험에 처해 있으며 같은 결과를 원한다. … 이 배는 우리의 상황을 모형처럼 보여 준다.[6]

신자와 비신자 할 것 없이 우리 모두는 "한 배를 타고 있다"(요나의 경우처럼 이 오래된 말이 딱 들어맞는 경우도 없다). 범죄나 건강 악화, 물 부족, 실업이 한 공동체를 덮치면, 경제 질서나 사회 질서가 무너지면, 모두가 한 배를 타게 된다. 한동안 요나는 이 뱃사람들과 '이웃'이 되었고 한 사람을 위협하는 폭풍은 공동체 전체를 위협했다. 요나가 달아난 것은 이방인들의 유익을 위해 일하고 싶지 않았기 때문이다. 그는 신자들의 이익을 위해서만 살고 싶었다. 그러나 하나님은 여기서 자신을 모든 사람의 하나님으로 드러내 보이시고, 요나는 자신이 신앙 공동체의 일원일 뿐 아니라 온 인류 공동체의 일원임을 인정해야 할 상황에 처한다.

이것은 '신자들은 비신자들을 돕는 편이 낫다. 안 그러면 그들도 잘 지낼 수 없을 것'이라는 실용적인 주장에 그치지 않는다. 성경은 인류가 하나님의 형상이라는 공통의 모습으로 창조되었기에 하나님께 무한히 소중한 존재라고 말한다(창 9:6, 약 3:9).

선장은 요나에게 모두를 위해 그가 할 수 있는 일을 하라고 촉구한다. 물론, 선장은 요나의 하나님에 대한 정확한 지식을 갖추지 못했다. 그는 요나가 모종의 강력한 초자연적 존재에게 기도를 드리기를 바라는 것뿐이었다. 하지만 휴 마틴이 주장한 대로, 선장의 비판은 여전히 타당하다. 요나는 믿음의 자원들을 사용하여 주변인들의 고통을 덜어 주려 하지 않는다. 요나는 그들에게 우주의 하나님과 관계를 맺는 법을 알려 주지 않았다. 하나님 안에서 누리는 영적 자원들을 의지하여 이웃을 사랑하거나 그들의 실제적 필요를 섬기지도 않았다. 하나님은 모든 신자에게 이 두 가지를 명령하시지만, 그는 어느 것도 하지 않았다. 그의 사적 믿음은 공공선에 전혀 보탬이 되지 않았다.

세상은 교회를 꾸짖을 권리가 없다고 이의를 제기하는 사람도 있다. 그런데 세상이 교회를 꾸짖어도 된다는 성경적 근거가 있다. 예수님은 산상설교에서 세상이 신자들의 선행을 보고 하나님께 영광을 돌릴 거라고 말씀하셨다(마 5:16). 우리가 제대로 살지 않으면 세상은 우리 주님이 누구신지 보지 못할 것이다. 어느 책의 제목처럼 우리는 '지켜보는 세상 앞에 선 교회'이다.[7] 교회가 눈에 보이는 행동으로 사랑을 드러내지 않는다면 세상의 비판을 받아 마땅하다. 선장에게는 주위 사람들의 문제에 무심하고 그들을 위해 아무것도 하지 않는 요나를 꾸짖을 권리가 있다.

자격 없는 이에게
베푸시는 자비와 은혜의 선물

여기서 우리는 하나님이 믿지 않는 자들에게 주신 지혜를 신자들이 존중하고 그로부터 배워야 한다는 것을 알 수 있다. 이교도 뱃사람들은 신학자들이 '일반 은총'이라 불렀던 것이 무엇인지 생생하게 보여 준다.

[이] 사건에서 소망, 정의, 고결함을 갖춘 쪽은 요나가 아니라 … 선장과 뱃사람들이다. … 뱃사람들은 무고하게 피해를 보면서도 부당하다고 외치지 않았다. 자신들이 초래하지 않은 위험한 상황에 처하고도 모두의 유익을 위해 문제를 해결하려 한다. 그들은 자기연민에 빠지지 않고 성난 신을 질타하지 않고 … 제멋대로인 세상을 규탄하지 않고, 범인 요나를 복수의 표적으로 삼지 않고, 폭력을 해결책으로 내세우지도 않는다.[8]

일반 은총 교리는 하나님이 민족이나 종교적 신념과 무관하게 인류 전반에 걸쳐 지혜와 도덕적 통찰, 선과 아름다움의 선물을 내리신다고 가르친다. 야고보서 1장 17절은 이렇게 말한다. "온갖 좋은 은사와 온전한 선물이 다 위로부터 빛들의 아버지께로부터 내려오나니." 즉, 누가 선하고 지혜롭고 정의롭고 아름다운 행위를 하든 그 행위를 궁극적으로 가능하게 하시는 분은 하나님이시다. 이사야 45장 1절은 이교도 왕 고레스를 가리켜 하나님이 그에게 기름을 부으시고 세계의 지도자로 사용하신다고 말한다. 이사야 28장 23-29절은 농부가 결실을 거둘 때, 그가 농사를 짓고 결실을 거두도록 가르치신 분이 하나님이심을 알려 준다.

이 말은 모든 선하고 뛰어난 예술적 표현, 능숙한 농사, 효율적인 통치, 과학 발전이 하나님이 인류에게 주시는 선물이라는 뜻이다. 이 모두가 자격 없는 이들에게 베푸시는 하나님의 자비와 은혜의 선물이다. 이 모두는 '일반'적인 것이기도 하다. 즉, 하나님이 모두에게 나누어 주시는 것이다.

이사야서에 언급된 왕이나 농부가 믿음으로 하나님을 받아들였다는 암시는 없다. 일반 은총은 마음을 돌이키게 하거나, 영혼을 구원하거나, 하나님과 인격적이고 언약적 관계를 맺게 하지 못한다. 하지만 일반 은총이 없으면 세상은 도무지 살 수 없는 곳이 될 것이다. 일반 은총은 모든 사람을 향한 하나님의 사랑의 놀라운 표현이기 때문이다(시 145:14-16).

일반 은총이 요나의 얼굴을 향하고 있었다. 요나 본인은 소위 '특별 은총'의 수혜자였다. 인간의 이성이나 지혜가 아무리 대단하다 해도 그것만으론 얻을 수 없는 하나님의 뜻에 대한 계시, 즉 하나님의 말씀을 받은 사람이었다. 요나는 여호와 하나님을 따르는 사람이었다. 그렇다면 어떻게 이교도들이 요나보다 더 나을 수가 있었을까?

일반 은총에 힘입은 비신자들은 믿음이 없으면서도 종종 신자들보다 더 의롭게 행동한다. 반면에 신자들은 남아 있는 죄에 휘둘린 나머지 하나님에 대한 올바른 믿음이 있다면 기대할 만한 모습에 전혀 미치지 못하는 행실을 종종 보인다. 그렇다면 그리스도인들은 기독교 신앙이 없는 이들을 겸손히 대하고 존중할 줄 알아야 한다. 비신자들에게 배울 것이 많음을 알고 모든 사람의 수고에 감사해야 한다. 요나는 이 사실을 어렵게 배우고 있는 중이다.

누가
내 이웃인가
일반 은총의 중요성과 공동선에 대한 두 가지 통찰

은 예수님의 유명한 가르침인 선한 사마리아인 비유의 내용이다(눅 10:25-37). 예수님은 "네 이웃을 사랑하라"라는 평범해 보이는 권고를 통해 더없이 과격하게 정의하신다. 예수님은 민족과 종교가 달라도 어려움에 처한 모든 사람이 우리의 이웃이라고 말씀하신다. 그리고 이웃을 '사랑하는' 일은 감정을 통해서만이 아니라 그들의 물질적, 경제적 필요를 채워 주기 위한 값비싸고 희생적이고 실제적인 행동을 통해 이루어진다는 것도 보여 주신다.

본문에서 요나는 아무것도 하지 않고 이교도 뱃사람들에게 말도 걸지 않으려 한다. 못난 선지자 요나는 선한 사마리아인과 정반대의 인물이다. 요나는 '공공선'에 아무 관심이 없고 주위의 비신자들을 전혀 존중하지 않는다. 야고보서의 저자는 하나님의 은혜에 의지하여 하나님과 관계를 맺고 있다고 말하는 사람이 누군가 "헐벗고 일용할 양식이 없는"(약 2:15) 모습을 보고도 아무런 조치를 취하지 않는다면, 그 믿음은 '죽은' 것, 즉 진짜가 아님(17절)을 증명할 뿐이라고 주장한다.[9] 이런 논증의 연장선에서 야고보는 이렇게 말할 수 있다. "긍휼을 행하지 아니하는 자에게는 긍휼 없는 심판이 있으리라"(13절).

　　다른 사람들에 대한 요나의 무자비한 태도와 행동을 보면 그의 마음이 하나님의 구원하시는 자비와 은혜를 모르고 있음이 드러난다.

⁷ 그들이 서로 이르되, 자 우리가 제비를 뽑아 이 재앙이 누구로 말미암아 우리에게 임하였나 알아보자 하고 곧 제비를 뽑으니 제비가 요나에게 뽑힌지라 ⁸ 무리가 그에게 이르되 청하건대 이 재앙이 누구 때문에 우리에게 임하였는가 말하라 네 생업이 무엇이며 네가 어디서 왔으며 네 나라가 어디며 어느 민족에 속하였느냐 하니 ⁹ 그가 대답하되 나는 히브리 사람이요 바다와 육지를 지으신 하늘의 하나님 여호와를 경외하는 자로라 하고 ¹⁰ 자기가 여호와의 얼굴을 피함인 줄을 그들에게 말하였으므로 무리가 알고 심히 두려워하여 이르되 네가 어찌하여 그렇게 행하였느냐 하니라

4.

하나님보다 더 큰
내 안의 우상이 드러나다

요나 1:7-10

뱃사람들은 이 폭풍이 죄에 대한 형벌이라는 결론을 내리고 누구의 잘못 때문인지 알아내기 위해 제비를 뽑는다. 요나가 뽑히자 그들은 질문을 퍼붓기 시작한다. 그들이 물은 것은 본질적으로 세 가지다. 그의 목적(당신의 사명이 무엇이오?), 그의 장소(어디에서 오는 길이오? 어느 나라 사람이오?) 그리고 그의 민족(어떤 백성의 일원이오?).[1]

당신은
누구인가

이것은 정체성을 묻는 질문들이다. 모든 사람의 정체성은 다중적 측면이 있다. "어느 민족이오?"는 그중 사회적 측면에 해당한다. 우리는 자신을 개인으로 규정할 뿐 아니라 가장 일체감을 느끼는 공동체(가족, 민족, 정당)로도 규정한다.

"어디에서 오는 길이오?"는 우리가 가장 편안하게 느끼는 물리적 장소와 공간, 우리가 소속감을 느끼는 곳을 묻는 것이다.

"당신의 사명은 무엇이오?"는 우리 삶의 의미를 겨냥하고 있다. 누구나 많은 일을 한다. 일하고 쉬고 결혼하고 여행하고 창조한다. 하지만 무엇을 위해 이 모든 일을 하는 것일까? 민족, 장소, 사명, 이 모두는 우리에게 정체성, 의미감, 안정감을 제공한다.

몇 년 전 나는 처음으로 마이크(Mike)를 만났다. 내가 그에 대해 물었더니 20년 동안 미국에서 살아온 아일랜드 사람이라고 말했다. 그는 좋은 직장을 얻기 위해 미국으로 이민을 왔다. 또 건설업계에서 일하며 가족을 부양하고 자녀를 양육했다. 그것은 그의 '주된 관심사'였다. 하지만 결국에는 아일랜드로 돌아가고 싶어 했다. 그곳이 그가 가장 편안하게 느끼는 장소였기 때문이다. 나는 그의 아들 로버트(Robert)도 만났는데, 갓 변호사가 된 그는 저소득 주택 거주자들을 대변하는 비영리 기관에서 일하고 있었다.

사명, 장소, 민족에 대한 질문으로 나는 두 세대 사이에 정체성의 변화가 일어났음을 볼 수 있었다. 모든 사람의 정체성은 여러 층위로 이루어진다. 로버트의 직업은 그의 정체성을 이루는 가장 근본적인 층위였다. 훈련받은 전문직 종사자로서 가난한 이들을 위해 정의를 행하는 것이 그의 인생의 진정한 의미였다. 나와 이야기를 나누던 당시에 로버트는 자기 일에 푹 빠져 있었고 결혼이나 가족에는 큰 관심이 없었다.

반면에 마이크에게 직업은 그의 정체성을 이루는 가장 근본적 층위가 아니었다. 좋은 가장이 되어서 가족을 잘 부양한다는 인생의 주된 사명을 위한 수입원일 뿐이었다. 로버트 역시 자신의 아일랜드 혈통을 중요하게 여겼지만 당장에 아일랜드로 이사할 생각은 없었다. 그가 있을 곳은 미국이었다. 이 아버지와 아들은 사명, 장소, 민족으로 구성된 정체성을 갖고 있었지만 각 요소의 우선순위는 달랐다.

요나에게 던진 뱃사람들의 질문은 그들이 인간의 정체성을 구성하는 요소를 잘 이해하고 있음을 보여 준다. 목적, 장소, 민족에 대해 묻는 것은 "당신은 누구인가?"를 묻는 통찰력 있는 방식이다.

당신의 주인은
누구인가

뱃사람들은 근대서구 문화권에서 그렇듯 요나의 자기 표현을 유도하기 위해 이런 질문을 던진 것이 아니다. 그들의 절박한 목표는 요나 때문에 노하신 하나님이 누구신지 이해하고 앞으로 어떻게 해야 하는지 알아내는 것이었다. 고대에는 모든 민족, 장소, 직업마다 고유의 신 또는 신들이 있었다. 뱃사람들은 요나가 어떤 신을 성나게 했는지 알아내기 위해 "네 신의 이름이 무엇이냐?"라고 물을 필요가 없었다. 요나가 누구인지 묻는 것으로 충분했기 때문이다. 그들은 인간의 정체성을 구성하는 요소들이 그가 숭배하는 대상과 떼려야 뗄 수 없이 이어져 있다고 보았다. '내가 누구인가'와 '무엇을 섬기는가'는 동전의 양면에 불과했다. 그것은 인간 정체성의 가장 근본적인 층위이다.

오늘날 우리는 이렇게 말하고 싶을 수 있다. "사람들은 더 이상 신들을 믿지 않고, 아예 어떤 신도 믿지 않는 경우도 많아요. 따라서 사람의 정체성이 그가 예배하는 대상에 뿌리를 두고 있다는 미신적 견해는 오늘날에

적절하지 않아요." 그러나 이런 말을 하는 것은 근본적인 오류를 범하는 것이다.

모든 직업, 장소, 민족에는 다양하고 인격적이고 의식이 있고 초자연적인 존재들이 붙어 있는 것은 아니다. 이 부분은 그리스도인들도 분명 동의할 것이다. 교역을 담당하는 로마 신 메르쿠리우스(Mercury)는 실제로 존재하지 않았고 그에게 동물 제사를 불살라 바칠 필요도 없다. 하지만 금전적 이익이 신이 될 수 있다는 것은 누구도 의심할 수 없다. 여기서 신은 개인적 삶이나 사회 생활에서 의문의 여지없는 궁극적 목표로 설정하는 것이고, 개인과 도덕적 기준과 인간관계와 공동체가 그 희생제물이 된다. 미의 여신 비너스(Venus)는 존재하지 않지만, 수많은 남녀가 신체 이미지에 집착하거나 실현될 수 없는 성적 자기구현의 노예가 된다.

그러므로 뱃사람들의 분석은 틀리지 않았다. 누구나 무엇인가를 의지하여 정체성을 확보한다. 누구나 스스로에게 이렇게 말할 수밖에 없다. "이것 때문에 나는 의미 있는 존재야." "그들이 나를 환영해 주었으니 이제 괜찮아." 그런데 그것이 무엇이고 그들이 누구든, 그것과 그들이 우리의 실질적 신이 되고 우리가 누구인지 말해 주는 가장 심오한 진실이 된다. 그것들은 우리가 어떤 상황에서도 반드시 소유해야 하는 것들이다.

최근에 나는 어느 금융기관의 회의에 참석한 사람과 대화를 나누게 되었다. 여러 번에 걸친 회의 끝에 그 금융기관에서는 신기술에 투자하기로 결정했다. 사적인 자리에서 회의 참석자 개개인과 대화를 하며 그 기술이 사회에 끼치는 영향에 대해 의구심이 있음을 다들 인정 하게 되었다. 그들은 그 기술로 일자리 하나가 생길 때마다 수많은 다른 일자리가 사라질 것이고, 그 기술을 주로 사용하게 될 젊은이들에게도 해로운 영향을 줄 것이라고 생각했다. 그러나 그 기술에 투자하지 않으면 수십억의 이익을 포기해야 한다. 재정적 성공이 무조건적이고 맹목적인 충성을 요구한다면, 그것은 이미 종교적 대상, 신, 심지어 '구원'의 기능을 하고 있는 것이다.[2]

성경은 그 이유를 다음과 같이 설명한다. 우리는 '하나님의 형상'(이미지)을 따라 지음을 받았다(창 1:26-27). 형상은 원본을 반영하고 원본 없는 형상은 없다. '무엇인가의 형상이다'(To be in the image)라는 말은 인간이 독립적인 존재로 창조되지 않았다는 뜻이다. 우리는 궁극적 가치가 있는 외부의 어떤 것으로부터 의미와 안전을 얻어야 한다. 하나님의 형상을 따라 창조되었다는 것은 참된 하나님을 위해 살아야 한다는 뜻이다. 그렇지 않으면 다른 것을 하나님으로 만들고 그것을 중심으로 살아가게 된다는 의미다.[3]

뱃사람들은 우리의 정체성이 우리가 구원을 기대하며 바라는 대상, 궁극적 충성을 바치는 대상에 항상 좌우된다는 사실을 알고 있었다. "당신은 누구인가?"라는 질문은 곧 "당신은 누구의 것인가?"라고 묻는 것이다. 자신이 누구인지 아는 것은 무엇에다 자신을 맡겼는지, 무엇이 자신을 지배하는지, 무엇을 자신이 근본적으로 신뢰하는지 아는 것이다.

얄팍한 영적 정체성을 가지다

요나는 마침내 입을 열기 시작한다. 그는 배에 오른

후부터 줄곧 부정한 이교도들과 최대한 거리를 두고 물러나 있었다. 선장이 요나에게 그의 하나님께 기도하라고 촉구했을 때, 요나는 침묵으로 응답한다. 제비가 뽑히고 배에 탄 사람 전체가 요나를 바라볼 때에야 비로소 그 선지자의 입에서 답변이 나온다.

민족에 대한 질문은 질문 목록의 끝에 있었지만 요나는 그 질문에 먼저 답한다. "나는 히브리 사람이요." 다른 무엇보다 먼저 나온 대답이다. 그토록 말을 아끼던 그가 자신의 민족을 자기 정체성의 가장 의미심장한 부분으로 내세운 것은 큰 의미가 있다. 앞에서 보았다시피, 정체성에는 여러 측면 또는 층위가 있고, 그중 일부는 나머지보다 더 근본적이다. 한 학자는 이렇게 표현한다. "요나는 자신의 민족을 가장 먼저 밝히고 그 다음에 종교를 밝혔으니, 그가 속한 민족이 그의 자기 정체성에서 가장 중요한 부분이라고 추론할 수 있다."[4]

요나는 하나님을 믿었지만, 그 믿음은 민족과 국적만큼 그의 정체성에 깊고 근본적인 영향을 주지 않았던 모양이다. 세상의 많은 사람들은 민족적 정체성에 자신의 종교를 덧붙인다고 할 수 있는데, 그들에게는 민족적 정체성이 더 근본적인 것이기 때문이다. 가령 누군가는 교회에 전혀 출석하지 않으면서도 이렇게 말할 수 있다. "그거야, 물론 난 루터교도(Lutheran)지. 난 노르웨이 사람이라고!"

요나의 자아상에서 민족이 신앙보다 더 근본적이라면, 니느웨에 회개를 촉구하는 일에 그가 그토록 반대했던 이유가 설명이 된다. 이렇게 영적으로 얄팍한 정체성을 가진 사람에게는 다른 민족에게 하나님을 믿으라고 촉구하는 그림이 어떤 상황에서도 매력적으로 보이지 않을 것이다. 요나에게 하나님과의 관계는 민족이 갖는 중요성만큼 기본적인 것이 아니었다. 그렇기 때문에 민족에 대한 충성과 하나님의 말씀에 대한 충성이 충돌하는 듯한 상황에서 그는 자신의 민족 편을 들었고 하나님의 사랑과 메시지를 새로운 사회로 전하는 일을 거부했다.

불행히도, 오늘날 많은 그리스도인들이 이와 동일한 태도를 보인다. 이것은 교육 부족이나 문화적 편협함의 결과가 아니다. 그보다는 그리스도를 통해 그들이 하나님과 맺은 관계가 그들의 마음속 깊이 들어가지 않았기 때문이다. 요나의 경우처럼, 하나님과 그분의 사랑이 그들 정체성의 가장 근본적 층위가 아닌 것이다. 물론, 그리스도인의 자기이해의 발전을 가로막는 장애물이 민족만은 아니다. 예를 들어, 예수님이 나의 죄를 위해 죽으셨다고 진심으로 믿으면서도 그리스도를 통한 하나님의 사랑이 아니라 경력과 재정 상태에 근거하여 자신의 중요성과 안정감을 확보할 수 있다.

그리스도인으로서의 얄팍한 정체성은 신앙을 고백하는 그리스도인들이 인종차별주의자와 탐욕스러운 물질만능주의자가 되고, 미와 쾌락에 중독되거나 불안에 시달리고, 걸핏하면 과로하는 상황을 설명해 준다. 자기 정체성의 진정한 뿌리가 그리스도의 사랑이 아니라 세상의 힘, 인정, 위안, 지배일 때 이 모든 일이 일어난다.

자신의 실체에
눈멀다

얄팍한 정체성은 또한 우리가 자신의 참모습을 보

지 못하게 막는다. 여기 요나가 있다. 그는 언약 공동체에서 특권적 위치에 있는 하나님의 선지자다. 그런데 그는 언제 어디서나 둔감하고 자기밖에 모르고 편협하고 어리석다. 그리고 그 사실을 전혀 자각하지 못하고 있다. 아니, 주위의 어느 누구보다 자신의 결함에 더 눈이 먼 것 같다. 어떻게 그럴 수 있을까?

요나를 보고 있노라면 또 다른 성경 인물 베드로가 떠오른다. 그도 신앙 공동체에서 특권적인 위치에 있었다. 예수님의 가까운 친구였고 그 사실을 무척 자랑스럽게 여겼다. 예수님이 잡히시기 전, 베드로는 설령 박해가 일어나 다른 제자들이 예수님을 버린다 해도 자신은 그러지 않을 것이라고 맹세했다(요 13:37, 마 26:35). 그는 사실상 이렇게 말했다. "주님을 향한 나의 사랑과 헌신은 다른 어떤 제자들보다 강합니다. 어떤 일이 닥쳐도 저는 다른 누구보다 용감할 겁니다."

그러나 그는 나머지 제자들보다 더 큰 겁쟁이로 밝혀졌다. 예수님을 공개적으로 세 번이나 부인하지 않았던가. 베드로는 어떻게 자신의 실체에 그토록 눈멀 수 있었을까?

　베드로의 가장 근본적인 정체성이 자신을 향한 예수님의 은혜로운 사랑이 아니라 예수님을 향한 그의 헌신과 사랑에 근거하고 있었기 때문이다. 그의 자존감은 자신이 성취했다고 생각했던 그리스도를 향한 온전한 헌신에 뿌리를 두고 있었다. 그가 하나님과 사람들 앞에서 자신만만했던 것은 자신이 온전히 헌신된 자세로 그리스도를 따르는 사람이라고 생각했기 때문이다. 그런 정체성에는 두 가지 결과가 따라온다.

　첫째, 자신의 진정한 자아를 보지 못한다. 용감한 자기 모습에서 자존감을 얻는다면, 비겁함을 조금만 인정해도 큰 충격을 받게 될 것이다. 당신의 자아가 자신의 용기에 근거하고 있다면, 대담함을 발휘하는 데 조금이라도 실패할 경우 '당신'은 남아나지 않을 것이다. 자신이 무가치하다고 느끼게 될 것이다. 종류를 막론하고 성취, 선함, 덕을 정체성의 근거로 삼을 때, 우리는 자신의 결함과 단점을 부정하고 살아야 한다. 그리고 자신의 죄, 약함, 결함을 인정할 만큼 든든한 정체성을 갖지 못할 것이다.

둘째, 자신과 다른 사람들을 존중하지 못하고 적대감을 갖는다. 사람들이 예수님을 잡으러 왔을 때, 예수님이 누차 그런 일이 벌어질 것을 말씀하셨지만 베드로는 칼을 뽑아 군인 중 한 명의 귀를 베었다. 자신의 성취와 성과에 근거한 정체성은 늘 불안하다. 자신이 충분히 행동한 것인지 결코 확신할 수 없다. 그때 자신의 결점에 대해 스스로에게 정직할 수 없다. 그리고 더 나아가 항상 자신과 타인을 대비시켜서, 즉 자신과 다른 이들을 적대시함으로써 정체성을 강화해야 하는 처지가 된다.

베드로와 요나는 스스로의 종교적 헌신을 자랑스럽게 여겼고 스스로의 영적 성취 위에 자아상을 세웠다. 그 결과 그들은 스스로의 결함과 죄를 보지 못했고 자신들과 다른 이들을 적대적으로 대했다. 요나는 니느웨 사람들의 영적 곤경에 아무런 관심을 보이지 않고, 배 안에 있는 모두를 위해 뱃사람들과 협력하는 일에도 흥미를 보이지 않는다. 그는 비신자들을 그냥 다르게 대하는 것이 아니라 '타자'로 규정한다. 그리고 몇 가지 방식으로 그들을 배제한다.

정체성이
변해야 한다

요나가 하는 일을 누군가는 타자화(othering)라고 불렀다. 사람들을 '타자'로 분류하는 것은 그들이 나와 다른 부분에 초점을 맞추고, 그들의 이상함에 초점을 맞추고, 그런 특성들로 축소시켜 그들을 비인간화하는 것이다. 그렇게 되면 우리는 "그 사람들 어떤지 알잖아"라고 말할 수 있게 되고 그들과 관계를 맺을 필요가 없어진다. 그리고 그들을 여러 방식으로 배제할 수 있게 된다. 그들을 그저 무시하거나, 우리의 신념과 관행에 맞추도록 강요하거나, 특정한 가난한 동네에 살도록 요구하거나, 아무 이유 없이 쫓아내는 것이다.[5]

이제 독자들은 요나가 그토록 거북해 하는 하나님의 자비가 그에게 절실히 필요하다는 사실이 보이기 시작할 것이다. 하나님의 은혜의 능력 아래서 그의 정체성이 변해야 한다. 우리의 정체성도 마찬가지다.

¹¹ 바다가 점점 흉용한지라 무리가 그에게 이르되 우리가 너를 어떻게 하여야 바다가 우리를 위하여 잔잔하겠느냐 하니 ¹² 그가 대답하되 나를 들어 바다에 던지라 그리하면 바다가 너희를 위하여 잔잔하리라 너희가 이 큰 폭풍을 만난 것이 나 때문인 줄을 내가 아노라 하니라 ¹³ 그러나 그 사람들이 힘써 노를 저어 배를 육지로 돌리고자 하다가 바다가 그들을 향하여 점점 더 흉용하므로 능히 못한지라 ¹⁴ 무리가 여호와께 부르짖어 이르되 여호와여 구하고 구하오니 이 사람의 생명 때문에 우리를 멸망시키지 마옵소서 무죄한 피를 우리에게 돌리지 마옵소서 주 여호와께서는 주의 뜻대로 행하심이니이다 하고 ¹⁵ 요나를 들어 바다에 던지매 바다가 뛰노는 것이 곧 그친지라 ¹⁶ 그 사람들이 여호와를 크게 두려워하여 여호와께 제물을 드리고 서원을 하였더라 ¹⁷ 여호와께서 이미 큰 물고기를 예비하사 요나를 삼키게 하셨으므로 요나가 밤낮 삼 일을 물고기 뱃속에 있으니라

희생 없는 편한 믿음

나만 괜찮으면 된다는 안일함을

바다에 던지시다

요나 1:11-17

뱃사람들은 요나가 폭풍의 원인임을 알게 되자 폭풍을 잠재울 열쇠가 요나라고 판단한다. 그들은 폭풍을 진정시키기 위해 어떻게 해야 하느냐고 요나에게 묻는다. 이에 요나는 자신을 바다에 던져야 한다고 대답한다. 그는 왜 이런 말을 한 것일까? 회개의 뜻일까? "나는 하나님께 지은 죄로 인해 죽어 마땅합니다. 나를 죽이십시오"라고 말하는 것일까? 아니면 정반대일까? "하나님께 순종하여 니느웨에 가느니 차라리 죽겠습니다. 날 죽이십시오"라는 뜻일까? 그는 하나님께 순복하는 것일까, 반역하는 것일까?

나를

바다에 던지라

대답은 그 중간 어디쯤일 것이다. 그런 위험과 위기의 순간에 요나가 그렇게 대답한 동기와 의도가 보통 사람보다 더 정돈되고 일관성이 있을 것이라고 생각할 이유는 없다. 그는 회개의 언어를 구사하고 있지 않고, 반항하던 그가 그렇게 빨리 돌이켜 하나님께 순복하는 것도 이치에 맞지 않기 때문이다. 요나서의 나머지 부분이 보여 주겠지만, 독선적 교만에서 벗어나는 요나의 여행은 느리게 진행될 것이다.

반면, 그가 앗수르로 가느니 차라리 죽고 싶었다면, 항해에 나서기 전에 스스로 목숨을 끊었을 수도 있었을 것이다. 이 시점에서 생각을 이해할 실마리는 뱃사람들의 질문에 대한 그의 답변에 있다. 그가 하나님에 대해 아무 말도 하지 않는 것에 주목하라. 그의 관심은 다른 곳에 있다. 그는 자신을 바다에 던지면 "바다가 당신들을 위하여 잔잔해질 거요. 분명히 말하지만 바로 나 때문에 당신들에게 이 큰 폭풍이 닥친 거요"라고 말한다. 요나는 상황에 책임을 지기 시작하는데, 그것은 그가 하나님을 바라보았기 때문에 생긴 변화가 아니다. 뱃사람들을 바라보면서 생겨난 변화일 뿐이다. 하지만 이것은 매우 의미심장하다.

앞으로 살펴보겠지만, 요나가 하나님의 사명을 거부한 주된 이유는 비신자들에게 자비를 베풀고 싶지 않았기 때문이다. 하지만 이제 그는 자기 앞에 있는 겁먹은 사람들을 바라보고 있다. 그는 하나님께 기도하지 않았지만, 뱃사람들은 각자가 섬기는 신을 불렀다. 그들은 요나를 존중하며 질문을 했고, 그를 죽이는 대신 어떻게 해야 할지 물었다. 그들은 어떤 잘못도 저지르지 않았다. 레슬리 알렌(Leslie Allen)이 쓴 대로, '뱃사람'의 고결한 성품이 "요나의 태평한 무관심을 쫓아냈고 그의 양심을 건드렸다."[1]

요나의 마음을 움직인 것이 연민에 불과하다 해도, 경멸보다는 훨씬 낫다. 종종 영적으로 정신을 차리는 첫걸음은 우리가 마침내 자신이 아닌 누군가 - 누구라도 좋다 - 를 생각하기 시작하는 것이다. 그래서 요나는 이렇게 말하고 있는 것이다. "당신들은 나 때문에 죽어가는 거요. 그러나 내가 당신들을 대신해 죽어야 마땅하오. 하나님은 바로 나에게 화가 나신 거요. 나를 바다에 던지시오."

계속해서 뱃사람들은 훌륭하게 행동한다. 그들은 요나의 제안을 듣고도 육지로 노를 저어가려 한다. 구원받을 다른 길이 전혀 없음을 깨달은 다음에야, 자신들이 이제 하려는 일의 중대함을 인정한 다음에야, 그들은 두려워 떨고 하나님께 기도하면서 요나를 배 밖으로 던진다.

내가 잃어버린 만큼
그가 얻는다

요나의 연민은 그의 마음에 인간의 가장 원초적 직관 중 하나, 즉 진정한 원형적 사랑은 대속적 특성을 갖고 있다는 직관을 불러일으킨다. 요나는 이렇게 말한다. "내가 풍랑의 분노를 다 감당하여 당신들이 그럴 필요가 없게 하겠습니다." 참된 사랑은 어떤 희생을 치르더라도 사랑하는 대상의 필요를 채워 주려 한다. 삶을 변화시키는 모든 사랑은 모종의 대속적 희생이다.

잠시 부모 노릇에 대하여 생각해 보자. 부모는 아이에게 책을 읽어 주고, 읽어 주고, 또 읽어 주어야 한다. 아이에게 말하고, 말하고, 또 말해야 한다. 그래야만 아이들이 언어를 이해하고 사용하는 능력을 기를 수 있다. 아이들의 지적, 사회적 능력과 정서적 행복은 부모가 자녀와 함께 보내는 시간에 큰 영향을 받는다. 다시 말해, 부모 쪽의 희생이 요구된다는 말이다. 부모는 여러 해 동안 생활의 지장을 감수해야 한다.

하지만 부모가 그렇게 하지 않으면, 아이들은 온갖 문제를 안고 자랄 것이다. 즉, 아이들의 어려움이냐 부모의 어려움이냐의 문제이다. 부모는 현재 누릴 수 있는 자유를 상당 부분 포기해야 한다. 그렇지 않으면 자녀들이 나중에 자유롭고 자족적인 성인이 되지 못할 것이다.

이 외의 다른 사례들이 무한히 많다. 우리가 비싼 대가를 감수하고 약속이나 맹세를 지킬 때마다, 보복하지 않고 상대를 용서할 때마다, 본인뿐 아니라 주위 사람들까지 힘들게 하는 고통을 겪고 있는 사람 곁에 머물 때마다, 우리는 대속적 희생의 본을 따라 사랑하고 있는 것이다. 돈이든 시간이든 에너지든, 우리가 잃어버리는 만큼 그들이 얻는다. 그들이 커지려면 우리가 작아져야 한다.

하지만 그런 사랑을 베풀 때 우리는 작아지는 것이 아니라 더 강해지고 지혜로워지고 행복해지고 깊어진다. 이것이 참된 사랑의 원형이다. 이는 다른 이들을 이용하여 자기 실현 욕구를 채우는 '사랑'과는 전혀 다르다.

그렇다면 하나님이 예수 그리스도를 통해 세상에 들어오셨을 때 이와 같이 우리를 사랑하셨다는 사실에 대하여 놀랄 필요는 없다. 참으로, 이런 원형적 사랑이 인간의 삶을 바꾸는 이유는 우리가 하나님의 형상을 따라 창조되었고 하나님이 그런 사랑으로 우리를 대하시기 때문이라고 능히 상상할 수 있다. 요나의 사례가 이것을 설명한다.

요나보다 더 큰 이가 여기 있다

예수님은 '요나의 표적'에 대해 말씀하시고 스스로를 '요나보다 더 큰 이'라고 부르셨다(마 12:41). 그 말씀은 요나가 뱃사람들을 구하기 위해 자신을 희생했던 것처럼 예수님도 우리를 구하기 위해 죽으실 거라는 뜻이었다.[2] 물론, 요나와 예수님의 차이는 크고 심오하다. 요나는 자기 죄 때문에 던져졌지만 예수님은 그렇지 않았다 (히 4:15). 요나는 죽을 뻔했고 물속에 던져졌을 뿐이지만 예수님은 실제로 죽으셨고 우리 죄와 형벌의 무게에 눌리셨다. 하지만 유사성도 있다. 자크 엘륄은 요나를 심연에 던진 사건에 대해 이렇게 썼다.

> 이 지점에서 요나는 희생 양의 역할을 맡는다. 그의 희생이 사람들을 구한다. 바다는 잔잔해진다. 그는 사람들을 인간적으로 실질적으로 구원한다. … 요나는 기독교적 방식의 본보기다. … 중요한 점은 이 이야기가 실제로 그보다 무한히 거대하고 우리와 직결되는 이야기의 정확한 모방이라는 것이다. 요나가 할 수 없었던 것, 그러나 그의 태도가 선언하는 것을 예수 그리스도가 이루신다. 그분이 철저히 정죄를 받으신다. …
>
> 요나는 예수 그리스도가 아니지만 … 길게 늘어선 예수

님의 모형 중 하나이고 각 모형은 하나님 아들의 온전한 모습의 한 측면을 나타낸다. … 정죄를 당하는 사람의 희생이 주위 사람들을 구원할 수 있다는 것이 사실이라면, 희생되는 자가 하나님의 아들 본인일 경우 그 말은 더더욱 사실이다. … 요나의 희생이 도움이 되고 구원을 이루는 것은 궁극적으로 오직 예수 그리스도의 희생 때문이다.[3]

예수님은 마가복음 10장 45절에서 자신의 사명을 요약하신다. "인자가 온 것은 섬김을 받으려 함이 아니라 도리어 섬기려 하고 자기 목숨을 많은 사람의 대속물로 주려 함이니라"(딤전 1:15, 2:5-6 참고).

여기서 '많은 사람의 대속물'은 '많은 사람을 대신해 바쳐진 제물'이라는 뜻이다. 곧 이 구절은 예수님이 우리 대신 죽으셨다는 의미이다.[4] "수치와 무례한 조롱을 지시고 내 대신 정죄받으셨네"라는 찬송가 가사와 같다.[5]

예수 그리스도는 우리와 같은 인간의 모습으로 이 세상에 오셨고, 이후 우리 죄를 지고 십자가를 지심으로 원형적 참된 사랑, 즉 대속적 희생의 최고 모범이자 성취자가 되셨다.

바다가 사납게 분노하기를 그치다

요나가 물속에 들어가는 순간, 전기불이 꺼지듯 폭풍이 갑자기 멈추었다.[6] 성경에는 바다가 "사납게 분노하기를 그쳤다"(15절)라고 나온다. 이것을 시적 의인화와 수사적 표현 정도로 볼 사람도 있겠다. 하지만 과연 그것이 전부일까? 폭풍의 '분노'는 반항하는 선지자를 향한 하나님의 분노를 제대로 표현한 것이고, 선지자가 풍파 속에 던져진 순간 분노도 누그러졌다.

요나의 희생은 예수님의 희생을 이해할 그림과도 같다. 예수님의 희생은 '화목제물'(롬 3:25, 히 2:17, 요일 2:2, 4:10)이라 불리는데, 이 단어는 그리스도가 우리를 대신하시고 우리가 받아 마땅한 형벌을 받으심으로써 우리의 죄와 악에 대한 하나님의 진노를 담당하셨다는 뜻이다.[7]

현대인들은 정의를 열정적으로 추구하다 보면 의분이 따라온다는 데 널리 동의한다. 그러면서도 성난 하나님의 개념은 많은 경우 불쾌하게 여긴다.[8] 죄에 대한 하나님의 진노를 부인하면 그분의 거룩과 정의를 온전히 보지 못하게 될 뿐 아니라 예수님이 우리를 위해 감당하신 일에 대한 경이와 사랑, 찬양이 줄어들 수 있다.

자신의 불순종 때문에 벌을 받은 요나와 달리, 예수님은 믿는 자들에게 어떤 정죄도 남지 않게 하기 위해 하나님의 정죄를 온전히 받으셨다(롬 8:1). 예수님이 하나님의 정의의 잔을 다 들이키심으로 우리에게는 단 한 방울도 남지 않는다(마 26:39, 41절).

요나서를 독립적인 이야기로 읽으면 바로 이 점 때문에 성경의 하나님이 화를 잘 내시고 복수심에 불타는 존재라는 인상을 받을 수 있다. 그러나 요나서 전체 이야기만 보더라도, 하나님은 요나가 받아 마땅한 벌을 다 내리시지 않는다. 예수님은 지상에 오신 사람인 동시에 하나님이시다. 성경은 하나님을 보복하시는 존재가 아니라 친히 오셔서 스스로 벌을 담당하시는 너무나 자비로운 분으로 그리고 있다.

앞에서 살펴본 것처럼 요나의 문제는 우리의 문제와 같다. 그 문제는 우리가 자신의 뜻을 온전히 하나님께 맡겨도 하나님은 우리의 유익과 기쁨을 위해 최선을 다하지 않으실 것이라고 확신한다.

그러나 이 뿌리 깊은 신념이 거짓말이라는 궁극적 증거가 여기 있다. 우리를 자유롭게 하시고자 우리를 대신하여 자신을 내어 주시고 고통을 당하신 하나님은 우리가 신뢰할 수 있는 분이다.

요나는 하나님의 선하심을 불신했다. 하지만 그는 십자가를 알지 못한 상태였다. 그러면 우리에게는 어떤 핑계가 있을까?

하나님은 원하시는 일을
반드시 이루신다

요나의 사건이 뱃사람들에게 미친 영향은 매우 크다. 바다가 완전히 잔잔해지자, 그들은 이제 곧 죽을 것이라고 생각했을 때보다 더 큰 '두려움'에 '사로잡혔다.' 그러나 이것은 질적으로 새로운 종류의 두려움, 바로 '여호와'에 대한 두려움이다(16절). 뱃사람들은 언약의 이름 '야훼'를 사용한다. 야훼는 그분과의 인격적이고 구원하는 관계를 나타내는 히브리어 이름이다. 여호와를 두려워하는 일이 구원을 선사하는 모든 지식과 지혜의 본질이다(시 111:10, 잠 9:10). 뱃사람들은 즉시 여호와께 서원하고 희생제물을 바치기 시작한다. 처음에 그들은 하나님을 요나의 부족신 정도로 생각했지만, 요나 덕분에 목숨을 구한 지금은 하나님이 얼마나 크신 분인지 깨닫는다.

대부분의 주석가들은 이것이 뱃사람들의 회심을 뜻한다고 본다. '참호에서의 회심'은 믿지 못할 것으로 악명이 높다. 죽음이 언제 찾아올지 모르는 극도의 압박감에 짓눌린 군인들이 하나님께 서원을 하고 경의를 표하는가 싶다가도 위험이 지나가면 종교 의식과 기도도 금세 희미해지는 경우가 비일비재하다.

하지만 이 뱃사람들은 달랐다. 이들은 위험이 지나

간 후에 서원을 했다. 이들이 하나님을 추구한 것이 하나
님이 자신들을 위해 해 줄 수 있는 일 때문이 아니라 그
분의 위대하심 때문임을 보여 주는 모습이다. 이것이 참
된 믿음의 시작이다.

이 모든 상황은 아이러니하다. 요나가 하나님을 피
해 달아난 것은 사악한 이교도들에게 하나님의 진리를
보여 주고 싶지 않기 때문이었다. 하지만 결국 그는 바
로 그 일을 하고 있다. 다니엘 C. 티머(Daniel C. Timmer)는
이렇게 썼다. "요나의 반(反)선교 활동은 아이러니하게도
비이스라엘인들의 회심을 가져왔다."[9] 또 다른 주석가는
이렇게 덧붙인다. "이것은 하나님의 주권에 대한 이 책의
교훈을 더 깊이 깨닫게 해 준다. 하나님은 하고자 하시는
일을 하시고야 만다."[10]

요나가 신뢰하지 않았던 하나님은 그가 물에 닿자
마자 기적적으로 그를 구원하신다. 요나가 이해할 수 없
었고 너무나 불쾌하게 여겼던 하나님의 이 신비로운 자
비가 그의 유일한 소망인 것으로 밝혀진다.

요나는 물에 빠져 죽지 않는다. 큰 물고기가 그를

삼킨다. 그 감옥 안에서 요나는 하나님의 은혜의 의미와 경이로움을 처음으로 깨닫게 된다.

¹⁷ 여호와께서 이미 큰 물고기를 예비하사 요나를 삼키게 하셨으므로 요나가 밤낮 삼 일을 물고기 뱃속에 있으니라 ¹ 요나가 물고기 뱃속에서 그의 하나님 여호와께 기도하여 ² 이르되 내가 받는 고난으로 말미암아 여호와께 불러 아뢰었더니 주께서 내게 대답하셨고 내가 스올의 뱃속에서 부르짖었더니 주께서 내 음성을 들으셨나이다 ³ 주께서 나를 깊음 속 바다 가운데에 던지셨으므로 큰 물이 나를 둘렀고 주의 파도와 큰 물결이 다 내 위에 넘쳤나이다 ⁴ 내가 말하기를 내가 주의 목전에서 쫓겨났을지라도 다시 주의 성전을 바라보겠다 하였나이다 ⁵ 물이 나를 영혼까지 둘렀사오며 깊음이 나를 에워싸고 바다 풀이 내 머리를 감쌌나이다 ⁶ 내가 산의 뿌리까지 내려갔사오며 땅이 그 빗장으로 나를 오래도록 막았사오나 나의 하나님 여호와여 주께서 내 생명을 구덩이에서 건지셨나이다 ⁷ 내 영혼이 내 속에서 피곤할 때에 내가 여호와를 생각하였더니 내 기도가 주께 이르렀사오며 주의 성전에 미쳤나이다 ⁸ 거짓되고 헛된 것을 숭상하는 모든 자는 자기에게 베푸신 은혜를 버렸사오나 ⁹ 나는 감사하는 목소리로 주께 제사를 드리며 나의 서원을 주께 갚겠나이다 구원은 여호와께 속하였나이다 ¹⁰ 여호와께서 그 물고기에게 말씀하시매 요나를 육지에 토하니라

바 닥 에 서 드 린 기 도

하나님밖에 남지 않을 때

은혜 앞에 항복하다

요나 1:17-2:10

이 이야기는 하나님이 큰 물고기를 '정하여' 요나를 삼키게 하셨음을 보여 준다. 이 동사는 요나서에 여러 번 등장한다. 하나님께서 식물이 자라났다가 죽도록 정하신 것을 요나서 4장에서 볼 수 있다. 각 경우에 하나님은 역사 속 상황을 지휘하여 요나가 꼭 알아야 할 교훈을 가르치셨다.[1]

은혜의 신비를
밑바닥에서 배우다

지난 일을 돌아보면 우리가 인생에서 배운 가장 중요한 교훈들은 하나님의 잔인한 자비가 가져다 준 결과임을 또렷이 알 수 있다. 그런 일들은 당시에는 힘들거나 심지어 고통스러운 사건들이었지만 나중에는 그로 인해 우리가 미리 내다볼 수 없었던 큰 유익이 되었다.

큰 물고기는 그런 잔인한 자비의 완벽한 사례이다. 우선, 물고기는 요나를 삼켜서 그의 생명을 구했다. 반면, 그는 여전히 물속 감옥에 갇혀 있었다. 도움과 희망에서 멀리 떨어진 세상의 밑바닥, '산의 뿌리'로 여전히 가라앉고 있었다. 그는 살아 있지만 얼마나 오래 버틸 수 있을까? 하나님이 또 다른 구원의 행위를 허락지 않으시면 그것은 일시적으로 한숨 돌린 상황에 불과했다.

피터 크레이기(Peter Craigie)는 우리가 요나처럼 하나님을 거부하고 그분에게 불순종하는 상태가 바로잡히려면 근본적인 처치가 필요하다고 썼다. 그의 지적에 따르면 본문은 지금까지 요나가 내려가는 상황을 - 욥바로 내려가고, 내려가 배에 타고, 배 밑층에 내려가고 - 묘사했다. 마침내 이제 바다의 심연 속 더욱 아래까지 내려간다. "그러나 그를 뜨게 하는 자충족성이 마침내 벗겨지고 그가 완전히 바닥까지 내려가기 전에는 구출이 가능하지 않았다."[2] 요나의 성품에는 치명적 결함이 있었고, 인생이 순탄하게 진행되는 동안에는 그것이 그의 눈에 보이지 않았다. 완전한 실패를 통해서만 요나가 자신의 결함을 보고 달라질 수 있었다.

이 원리는 다양한 수준에서 드러난다. J. K. 롤링(Rowling)은 2008년 하버드대 졸업 축사에서 자신의 인생에서 '어마어마한 규모로 실패한' 시점을 설명했다. "유난히 짧았던 결혼생활은 안에서부터 무너졌고, 나는 직장도 없이 혼자 아이를 키워야 했으며, 노숙자가 아닌 상태로 현대 영국에서 가능한 극한의 가난을 겪고 있었습니다." 그러나 그녀는 이렇게 덧붙였다. "그때 나는 중요했던 유일한 작품을 완성하는 데 온 힘을 기울였습니다. 내가 다른 부분에서 하나라도 성공을 거두었더라면, 진정한 나의 영역인 이 분야[글쓰기]에서 성공해야겠다는 일념을 갖지 못했을 것입니다."[3] 한마디로, 그녀는 자신의 성공이 여러 실패 위에 세워진 것이라고 말했다.

처음에 야곱은 하나님의 가족을 이끌 준비가 되어 있지 않았다. 할 수 없이 집에서 달아나 십 수 년 동안 장인에게 부당한 대우를 당하고 마침내 분개한 형 에서와의 (그의 입장에서는) 무서운 조우를 눈앞에 두고서야 그가 달라졌다. 그제야 야곱은 하나님을 대면하여 만났다(창 32:1-32).

아브라함, 요셉, 다윗, 엘리야, 베드로는 모두 실패

와 고통을 통해 강력한 지도자가 되었다. 수많은 그리스
도인들이 동일한 경험을 증언한다. 바닥에 이르렀을 때,
모든 것이 산산조각났을 때, 모든 방책과 수단이 무너지
고 소진되었을 때에야, 마침내 하나님을 온전히 의지하
는 법을 배우는 데 마음이 열린다. 자주 하는 말이지만,
예수님밖에 남지 않을 때까지는 예수님만 있으면 되는
것을 결코 깨닫지 못한다. 자기 목숨을 잃어야 얻을 것이
다(마 10:39).

　요나가 물에서든 믿음에서든 마침내 오르기 시작하
려면 먼저 그의 한계에 이르러야 했다. 올라가는 방법은
다름 아닌 내려가는 것이었다. 하나님 은혜의 가장 큰 신
비를 배우는 곳은 흔히 밑바닥이다.

　그러나 요나의 변화의 출발점은 단지 바닥에 있는
상태가 아니라 바닥에서 드린 기도에 있다. 잭 새슨(Jack
Sasson)이 말한 대로, 이 지점에서 "곧 사건의 진행이 완전
히 멈추고 요나는 그의 하나님과 홀로 남겨지게 된다."[4]
요나는 기도하기 시작하고 이 기도의 절정에서 헤세드
를 말한다(욘 2:8). 헤세드는 흔히 '인자'(한결같은 사랑)나 '은

혜'로 번역되는 성경의 핵심 단어이고, 하나님의 언약 사랑을 가리킨다. 요나는 기도가 다 끝날 때가 되어서야 거기, 즉 하나님의 은혜를 선포하는 자리에 이르고, 그제야 산 자들의 땅으로 다시 풀려난다.

내가 할 수 없음을 인정할 때
비로소…

J. I. 패커(J. I. Packer)는 그의 역작 《하나님을 아는 지식》(Knowing God)에서 많은 사람이 하나님 은혜에 대해 말하지만 그 단어는 그들에게 추상적인 개념일 뿐 삶을 변화시키는 능력이 아니라고 말한다. 그는 더 나아가 이렇게 설명한다.

> "은혜의 교리는 몇 가지 핵심적 진리를 전제하는데, 그 진리를 인정하고 마음으로 느끼지 않으면 하나님의 은혜에 대한 분명한 믿음이 불가능해진다."[5]

요나의 기도는 그가 세 가지 핵심 진리를 이해했음을 보여 준다.

우리가 파악해야 할 첫 번째 진리는 패커가 '도덕적 응보'라고 부른 것이다. 하지만 그것은 우리 문화에서 알아듣기 어려운 메시지다. 우리가 사는 시대는 '치료의 승리'가 특징이다.[6] 우리는 자존감이 부족한 것이 문제이고 너무 많은 수치심과 자기 정죄를 안고 살아간다고 배운다. 게다가, 모든 도덕적 기준은 사회적으로 구성된 것이고 상대적이기 때문에 누구도 우리에게 죄책감을 느끼게 만들 권리가 없다는 말을 듣는다. 옳고 그름은 스스로 결정해야 한다. 이런 신념이 주도하는 사회에서 우리가 범죄한 죄인이라는 성경의 일관된 메시지는 악하고 위험하지는 않더라도 억압적으로 다가올 수 있다. 이런 현대문화적 테마들은 은혜의 제안을 불필요한 것, 심지어 모욕적인 것으로 느끼게 만든다.

하지만 요나의 기도는 "주께서 나를 깊음 속 바다 가운데에 던지셨"(3절)음을 인정했다. 그는 하나님의 정의가 존재하고 자신이 정의의 심판을 받아 마땅함을 알았다.

둘째, 패커가 말한 대로 우리의 상태가 '영적 무력함'을 인정해야 한다. 우리는 죄를 인정하고 죄인인 우리가 스스로를 고치거나 깨끗하게 할 수 없음도 인정해야 한다. 우리의 문화는 이 부분에서도 도움이 되지 않는다. 우리의 문화를 지배하는 것은 치료이고 기술이기 때문이다. 그래서 우리는 잘못에 대한 책임을 인정하는 상황에서도, 여전히 '우리가 문제를 고칠 수 있다'고 생각한다. 문제를 고치려 할 때 우리가 선택하는 가장 흔한 방법은 도덕의 기술을 적용하는 것이다. 우리는 열심히 노력하고 종교적 의무를 꼼꼼히 지키면 하나님과의 관계를 회복하고 심지어 "우리에게 '안 돼'라고 말할 수 없는" 자리로 하나님을 몰아넣을 수 있다고 믿는다.[7]

도덕적 노력을 통해 스스로를 고칠 수 있다는 이 생각은 요나 당시에도 널리 퍼져 있었다. 그것은 다른 모든 종교의 근본적 가정이다. 그러나 6절에서 요나는 그것을 제대로 거부한다.

그는 자신이 "지하 세계"(개역개정에는 '땅'이라고 번역),

즉 살아 있는 인류와 성전에 계신 하나님으로부터 가장 멀리 떨어진 물속 세계로 가라앉고 있고, 거기서 "지하 세계가 빗장을 질러 나를 영원히 가둘"(개역개정에는 땅이 그 빗장으로 나를 오래도록 막을) 것 같다고 말한다.

그는 자신이 유죄 선고를 받았고 자신의 죄와 반항 때문에 영원히 갇혔으며 스스로 그 문을 열거나 빚을 갚을 길이 도무지 없다는 것을 깨닫는다. 유명한 찬송가는 이렇게 노래한다.

> 내가 공을 세우나
> 은혜 갚지 못하네.
> 쉬임 없이 힘쓰고
> 눈물 근심 많으나
> 구속 못 할 죄인을
> 예수 홀로 속하네.[8]

우리는 '가로막혀' 하나님께 나아갈 수 없고, 우리가 스스로를 구원할 수 없음을 인정하는 경우에만 비로소 은혜의 교리를 깊이 느끼게 된다.

예수가 감당한 희생을
이해해야 한다

하나님의 은혜를 제대로 이해하여 변화를 받으려면
파악해야 할 세 번째 진리는 하나님이 베푸시는 구원이
얼마나 값비싼 것인지 아는 것이다. 요나는 기도할 때 그
저 하늘만 바라보는 것이 아니라 '주의 성전을'(4절) 바라
보고 '주의 성전'(7절)에 이른다고 두 번씩이나 말한다. 이
말의 의미는 무엇인가?

요나는 하나님이 성전의 속죄소(the mercy seat)에서
우리에게 말씀하시기로 약속하셨다는 것을 알았다(출
25:22). 속죄소는 십계명의 돌판이 든 언약궤를 덮는 정금
판이다. 대속죄일에 제사장은 백성의 죄를 위해 속죄소
위에다 속죄제물의 피를 뿌렸다(레 16:14-15).

놀라운 그림이다! 성전은 거룩한 하나님, 십계명으
로 표현된 그분의 완전한 도덕적 의로움이 거하는 곳이

104

다. 십계명은 이제껏 어떤 인간도 지키지 못했고 지킬 수도 없다. 우리는 하나님께 어떻게 나아가야 할까? 하나님의 율법이 우리를 정죄하지는 않을까? 물론 그럴 것이다. 그러나 십계명 위에 있는 속죄소에 뿌려진 속제제물의 피가 십계명의 정죄로부터 우리를 지켜 준다. 다른 누군가의 죽음이 우리의 용서를 보장할 때만 우리는 하나님과 대화를 나눌 수 있다.

요나는 물론 당시의 어떤 이스라엘 사람도 이 모든 것의 의미를 이해하지 못했지만, 예수님의 복음에 대한 그림으로 이보다 더 나은 것은 상상할 수 없다. 성전과 희생제사 제도는 우리는 죄인이고 스스로를 구원할 수 없으며 극도의 값비싼 조치를 통해서만 구원받을 수 있다는 세 가지 '은혜의 진리' 모두를 유대교의 확고한 토대로 자리 잡게 했다. 황소와 염소의 피가 아니라 예수 그리스도의 희생제사로만 속죄의 효력이 발휘된다는 사실은 이로부터 몇 세기가 지난 후에야 드러나게 된다(히 10:4-10).

J. I. 패커가 옳다. 많은 사람들이 '주 은혜 놀라워'

라고 찬양하고 은혜의 개념을 입으로는 좋게 말하지만 그 은혜는 그들을 근본적으로 바꾸지 않았다. 우리는 이 세 가지 배경 진리 모두, 즉 우리는 정죄를 받아 마땅하다는 것과 스스로를 구원할 능력이 전혀 없다는 것, 그리고 하나님이 우리의 죄에도 불구하고 무한한 희생을 치러 우리를 구원하셨음을 온전히 믿고 파악하고 상기해야 한다. 그때 비로소 하나님의 은혜가 경이롭고, 아름답고, 끝없는 위로를 주고, 우리를 겸허하게 만든다. 스스로를 대단하게 평가하는 사람들이 있다. 그들에게는 하나님의 은혜가 충격적으로 다가오지 않는다. 자신에게 그 은혜가 필요하지 않거나, 적어도 그리 많이 필요하지는 않다고 생각하기 때문이다.

스스로를 실패자로 여기는 또 다른 부류의 사람들도 추상적인 '하나님의 사랑' 개념을 어느 정도 갖고 있을 뿐 예수님이 얼마나 값비싼 대가를 치르고 자신을 빚더미, 노예 상태, 죽음에서 구하셨는지 잘 알지 못한다. 예수님이 우리를 위해 감수하셨던 희생의 폭과 깊이를 헤아리지 못하기에 그 은혜로 인해 경이감과 사랑, 찬양에

사로잡히지도 않는다.

이제 우리는 왜 은혜를 삶의 최고점이 아니라 골짜기와 심연, 바닥에서 발견하는지 알 수 있다. 어떤 사람도 자기 마음이 악하다는 말만 듣고 자신의 악함과 무능함을 깨닫지 못한다. 그 악함을 직접 보아야만, 때로는 가혹한 경험을 통해 목격해야만 깨닫게 된다. 사람의 마음이 하나님의 거저 주시는 값비싼 은혜를 감히 믿기 위해서는 그 은혜가 유일한 소망임을 알아야만 한다. 그런 깨달음은 어려운 상황과 성경적인 속죄의 복음에서 얻는 통찰과 가장 어둡고 깊은 장소에서도 우리를 경이와 놀라움으로 이끌 수 있는 강력한 기도가 만날 때 찾아온다.

요나의 기도에는 은혜에 대한 이런 놀라움과 경이감이 어느 정도 암시되어 있다. 그는 "땅이 그 빗장으로 나를 오래도록 막았"음을 깨달았다. 그는 즉시 이렇게 덧붙인다. "나의 하나님 여호와여 주께서 내 생명을 구덩이에서 건지셨나이다"(6절). 그는 길을 잃었고 유죄 판결을 받았으며 감옥의 문을 열 수 없다.

하지만 하나님이 그를 구원하신다. 요나는 초자연적 구원에 힘입어 물고기 배 속에서 탈출할 거라는 보장이 있기 전에 하나님을 찬양하고 자신을 그분께 드린다. 이것은 주목할 만한 중요한 대목이다. 하나님의 은혜를 깨닫는 바로 그때 "큰 결단이 이루어진다."[9] "위대한 기적이 일어나는 순간은 … 어떤 초자연적 사건에 의해 역사의 방향이 바뀔 때가 아니다. 위대한 기적은 사람이 자신의 죄를 인정하고 하나님 앞에 그것을 고백할 때, 그 결과로 하나님이 창조주-피조물의 깨어진 관계를 회복시키실 때 일어난다."[10] 이것이 진정한 구원이다. 물고기 배에서 빠져나오는 것은 그 부산물일 뿐이다.

요나의 기도는 외침으로 끝난다. 그는 은혜의 교리를 구성하는 부분들을 종합하다 그 경이로움을 깨닫고 절정에 해당하는 대목에서 "구원은 여호와께 속하였나이다"(9절)라고 말한다. 어떤 이들은 이 말이 성경의 중심 구절이라고 말했는데, 이 구절이 성경 전체의 요지를 대단히 간결한 언어로 표현한 것은 분명하다.

이 구절을 문자적으로 옮기면 구원은 '주님의 것'(of the Lord, 이 전치사구는 소유를 의미한다)이라는 의미다.[11] 구원은 다른 누구도 아닌 오직 하나님께만 속한다. 누군가가 구원을 받는다면 그것은 온전히 하나님이 하시는 일이다. 하나님이 우리를 부분적으로 구원하시고 우리가 스스로를 부분적으로 구원하는 것이 아니다. 오로지 하나님만이 우리를 구원하신다. 우리는 스스로를 구원하지 않고 구원할 수도 없다. 이것이 바로 복음이다.

삶에 숨어 있는 교묘한 우상들을 보지 못하다

요나서 전체의 문맥을 놓고 볼 때, 이 기도에는 정신이 번쩍 들게 하는 측면이 있다. 8절에서 요나는 "거짓되고 헛된 것을 숭상하는 모든 자는 자기에게 베푸신 은혜를 버렸사오나"라고 말한다. 그는 우상 숭배가 사람들이 은혜를 받지 못하게 막는다고 지적한다. 그는 어떤 사람들을 말하는 것일까?

문맥을 살펴보면 말 그대로 동상과 우상을 섬기는 이방인들이 하나님의 은혜를 빼앗긴다는 의미이다. 이 말은 사실이지만, 우리는 요나가 하나님이 니느웨 사람들에게 자비를 베푸시는 데 분노하고 혼란을 느끼는 상황을 염두에 두고 이 구절을 읽지 않을 수가 없다. 이 부분에 대해서는 요나서 4장을 다룰 때 살펴볼 것이다.

다시 말해, 요나가 여기서 돌파구를 찾기는 하지만 생각만큼 은혜를 깊이 파악한 것은 아니다. 요나에게는 여전히 우월감과 독선이 남아 있고, 그로 인해 그가 볼 때 열등한 자들에게 하나님이 자비를 베푸실 때 분통을 터뜨리게 된다. 그는 이교도들이 섬기는 문자적 우상은 보지만 자신의 삶에 있는 보다 교묘한 우상들은 보지 못하고, 그 때문에 자신도 이교도들과 똑같이 하나님의 은혜로만 사는 존재임을 온전히 파악하지 못한다.

하나님은 요나를 물고기 배에서 구해내시지만, 곧 분명해지다시피 요나의 회개는 부분적인 것일 뿐이다.

하지만 자비로우신 하나님은 결점 많고 갈피를 못 잡는 우리와 함께 참을성 있게 일하신다.

The

Prodigal

Prophet

Part 3

순종하지만,
다시 넘어지다

¹ 여호와의 말씀이 두 번째로 요나에게 임하니라 이르시되 ² 일어나 저 큰 성읍 니느웨로 가서 내가 네게 명한 바를 그들에게 선포하라 하신지라 ³ 요나가 여호와의 말씀대로 일어나서 니느웨로 가니라 니느웨는 사흘 동안 걸을 만큼 하나님 앞에 큰 성읍이더라 ⁴ 요나가 그 성읍에 들어가서 하루 동안 다니며 외쳐 이르되 사십 일이 지나면 니느웨가 무너지리라 하였더니 ⁵ 니느웨 사람들이 하나님을 믿고 금식을 선포하고 높고 낮은 자를 막론하고 굵은 베 옷을 입은지라 ⁶ 그 일이 니느웨 왕에게 들리매 왕이 보좌에서 일어나 왕복을 벗고 굵은 베옷을 입고 재 위에 앉으니라 ⁷ 왕과 그의 대신들이 조서를 내려 니느웨에 선포하여 이르되 사람이나 짐승이나 소 떼나 양 떼나 아무것도 입에 대지 말지니 곧 먹지도 말 것이요 물도 마시지 말 것이며 ⁸ 사람이든지 짐승이든지 다 굵은 베옷을 입을 것이요 힘써 하나님께 부르짖을 것이며 각기 악한 길과 손으로 행한 강포에서 떠날 것이라 ⁹ 하나님이 뜻을 돌이키시고 그 진노를 그치사 우리가 멸망하지 않게 하시리라 그렇지 않을 줄을 누가 알겠느냐 한지라 ¹⁰ 하나님이 그들이 행한 것 곧 그 악한 길에서 돌이켜 떠난 것을 보시고 하나님이 뜻을 돌이키사 그들에게 내리리라고 말씀하신 재앙을 내리지 아니하시니라

회개의 역사

정의가
선포되다

요나 3:1-10

회개한 요나는 물고기 배 속에서 살아남았고 해변으로 쓸려갔다. 그리고 니느웨로 말씀을 전하러 갔다. 그는 도성 안에 들어가 이렇게 선포하기 시작했다. "사십일이 지나면 니느웨가 무너진다!"

회개는 언제나
하나님의 역사다

그곳 사람들은 요나를 비웃지 않았고 폭행하지도 않았다. 요나에게는 매우 충격적인 일이었다. 오히려 도시 전체가 반응했다. "회개하다"에 해당하는 히브리어 단어(shub, 슈브: 돌이키다)가 8-10절 사이에 네 번 등장하고, 그것이 이 대목의 두드러진 중심 메시지다. 뜻밖에도, 강력하고 폭력적인 도성 니느웨 사람들이 대규모 회개의 표시로 굵은 베옷을 입었다. "높고 낮은 자를 막론하고"(5절), 사회적으로 가장 높은 자부터 가장 낮은 자까지 다 그렇게 했다. 어떻게 이런 일이 일어날 수 있었을까?

역사가들에 따르면, 요나가 사명을 맡았을 무렵 앗

수르는 기근, 역병, 반란, 일식을 연달아 겪고 있었다. 일련의 이러한 일들은 앞으로 닥칠 더욱 심각한 상황에 대한 전조로 여겨졌다. 어떤 이들은 하나님이 이런 것들을 사용해 요나의 사역을 준비하셨다고 주장했다. "이런 사태로 인해 통치자들과 신하들 모두 낯선 선지자의 메시지에 유달리 귀를 기울이게 되었을 것이다."[1] 다시 말해 이는 니느웨의 반응을 설명할 모종의 사회학적 요인이 있었던 것이다.

우리는 몸을 갖고 특정한 장소, 문화, 역사적 시간 속에 사는 존재이기에 하나님께로 나아가는 움직임에는 늘 사회적 측면들이 있기 마련이다. 그러나 그런 요소들이 이런 종류의 회개를 온전히 설명하거나 해명하지는 못한다. 엘륄은 여기서 벌어진 일에 놀란다. "전적으로 호전적 성향을 가진 니느웨가 스스로의 폭력성을 비판한다(3:8). … 스스로의 힘과 무적의 군사력을 자랑하던 니느웨가 이렇듯 겸손해진 것은 니느웨이기를 포기했다는 뜻이다."[2]

1907년 1월, 북한의 수도인 평양에서 열린 한 사경회에서 부흥이 일어났다. 사경회에 참석한 이들은 죄를 깊이 자각하게 되었다. 특히나 설교자가 일본인들에 대한 전통적인 증오를 회개하라고 촉구했을 때 특히 그러했다.[3] 물론 한국의 그리스도인들은 은혜의 복음에 담긴 근본적 진리들을 받아들였지만, 그 진리들은 일본인들을 용서할 정도로 그들 안에 깊이 스며들지 않고 있었다. 그들은 억압적이고 잔인한 일본 민족에게 도덕적 우월감을 느꼈다. 하지만 사경회에 참석한 한국인 그리스도인들은 자신들이 하나님 앞에서 다른 모든 인간과 똑같은 죄인이며 정죄받았고 그리스도의 순전하고 값비싼 은혜로 구원받은 자들임을 복음의 빛 아래서 깨닫게 되었다. 이 깨달음 앞에서 그들의 교만과 원한은 모두 사라졌다.

그들은 잘못을 회개하는 새로운 마음을 품고 집으로 돌아갔다. 사람들은 집집마다 다니며 관계를 회복하고 훔친 물건을 돌려 주었다. 예배에는 새로운 힘이 가득했다.[4] 그 결과로 교회는 폭발적으로 성장했다. 감리교의 신도 수는 일 년 만에 두 배로 늘어났다. 이처럼 교회사에서는 세계 전역에 걸쳐 이런 영적 움직임이 많이 있었다.

이런 현상을 어떻게 설명할 수 있을까? 많은 이들은 1904년과 1907년의 한일협약으로 일본의 한국 지배가 시작된 것을 지적했다. 이런 사회정치적 배경 때문에 많은 한국인들이 민족적 증오를 넘어서고 회개하고 용서를 베풀 능력을 약속하는 기독교의 메시지에 마음을 열게 되었을까? 그런 면이 있긴 했겠지만, 그런 요소들만으로 당시에 벌어진 일들이 온전히 설명되어질까? 물론 그렇지 않다. 이런 조건들은 세상에 끊임없이 나타나지만 대개는 이런 결과를 낳지 않기 때문이다.

회개는 언제나 하나님의 역사다(딤후 2:25).

니느웨에
정의가 선포되다

하지만 니느웨의 '돌이킴'을 현대 교회사에 나타난 부흥과 섣불리 비교해서는 안 된다. 본문은 니느웨 사람들이 "하나님을 믿"(5절)었다고 말하지만, 니느웨 사람들이 이스라엘의 하나님과 언약의 관계에 들어갔다는 암시는 없다. 니느웨 사람들이 사용한 단어는 주님이 그분의 백성 이스라엘에 자신을 알리실 때 사용하시는 인격적인 언약의 이름 '야훼'가 아니라 일반적인 단어 '엘로힘'이다. 니느웨 주민들이 그들의 여러 신과 우상들을 버렸다는 언급은 없다. 그들은 주님께 희생제물을 바치지 않았고 할례 의식도 치르지 않았다. 그래서 대부분의 주석가들은 요나가 니느웨 사람들을 회심시키지 못했다는 데 동의한다.[5] 그럼 실제로 벌어진 일은 무엇이었을까?

니느웨 왕은 하나님이 니느웨의 모든 시민들에게 "악한 길과 손으로 행한 강포에서 떠"(8절)나라고 말씀하신다고 이해했다. 폭력은 "자의적인 인권 침해이다. … 니느웨는 그런 사회적 불의를 뻔뻔하게 저질렀다."[6] 다른 히브리 선지자들도 앗수르의 제국주의, 잔혹함, 사회적 불의를 정죄했다(사 10:13 이하, 나 3:1, 19절).

압제와 불의를 회개하라는 촉구는 성경의 다른 선지자들이 이방 나라들에 전했던 비교적 드문 메시지의 내용과도 부합한다. 아모스 1장 1절-2장 3절에서 아모스 선지자는 이스라엘 이웃 나라들의 제국주의, 잔혹함, 폭력, 약자들에 대한 압제를 규탄했다. 성경학자 크리스토퍼 J. H. 라이트(Christopher J. H. Wright)는 이렇게 지적한다. "구약성경에서 … 이스라엘 선지자가 이방 나라에 메시지를 전할 때 정죄한 내용은 흔히 그들의 도덕적 사회적 사악함이었다."[7] 요나도 그러했다. 니느웨를 향한 그의 메시지는 그 도시의 사회적 관행과 그들이 '행한 것'(10절)에 초점을 맞추었다. 즉, 악한 길에서 돌이키라는 촉구였다(8절).

이미 알고 있듯이 앗수르는 유난히 폭력적이었다. 수많은 사람들을 살육하고 노예로 삼았고 가난한 사람들을 억압했다. 다른 나라들에 대한 불의, 제국주의, 압제로 악명이 높았다. 하지만 요나서 본문을 보면 착취와 학대의 충동은 니느웨 사회의 구조도 갉아먹고 있었다. 앗수르는 다른 나라들을 억압한 데서 그치지 않고 앗수르의 개인들도 서로에게 폭력을 휘두르고 사회관계를 오염시키고 있었다. "사람이든지 짐승이든지 다 … 악한 길과 손으로 행한 강포에서 떠날 것이라"(8절). 부자들이 가난한 이들을 노예로 삼고 가난한 이들은 범죄로 그들에게 반격하며 중간계급 사람들은 서로를 속였다. "높고 낮은 자를 막론하고"(5절) 회개한 것은 사회 각양 계층의 화해가 시작되었음을 보여 주는 것일 수도 있다.

본문에 요약된 요나의 메시지만 보면 노골적인 협박이지만(4절), 많은 이들은 그가 본문에 언급한 것보다 하나님에 대해 더 많은 정보를 제공했을 것이라고 추론하는 것이 합리적이라고 주장한다. 이를테면, 니느웨 사람들은 하나님이 자신들의 기도를 들으실 거라는 소망을 품고 하나님께로 돌이켰다. 이것을 보면 최소한 그들은 자신들이 하나님의 용서를 받을 가망이 일말이라도 있느냐고 요나에게 물어봤을 것 같다.[8]

그렇지만 성경은 하나님이 니느웨 사람들을 회심시켜 구원을 가져다 주는 언약의 관계를 맺기 위해 요나를 보내셨다고 말하지 않는다. 요나는 그들의 악, 폭력적 행위, 그리고 돌이켜 변화하지 않으면 불가피하게 찾아올 결과에 대해 경고했을 뿐이다.

성경의 나머지 부분을 통해 우리는 사회적 행동을 바꾸는 것으로는 구원에 충분하지 않고, 믿음과 속죄제사 없이는 하나님이 최종적으로 용서하실 수 없다(참고. 민 14:18, 히 9:22)는 것을 알았다. 그럼에도 니느웨를 향한 하나님의 반응은 시사하는 바가 있다. 니느웨 사람들은 우상들과 그에 대한 제사를 버리지 않지만, 자비하신 하나님은 니느웨 성을 파괴하겠다고 하셨던 위협을 철회하셨다. 그리고 사회개혁을 위한 그 도시의 의도와 노력에 반응하여 일정 기간 호의를 베푸신다.

하나님의 진노를 이해하다

어떤 사역이 이렇게나 주목할 만한 결과를 이끌어 냈던가? 일부 주석가들은 요나가 믿음을 통한 구원을 전했고 도시의 반응은 위대한 부흥이었다는 결론을 성급히 내린다. 하지만 우리가 보았다시피, 니느웨 사람들이 회심하여 주님을 믿게 되었다는 증거가 전혀 없다. 어떤 이들은 현대의 신자들이 복음 전도를 할 것이 아니라 요나를 본받아 도시에서 사회사업을 해야 한다는 결론을 내린다.[9] 하지만 요나는 니느웨로 가서 말없이 사회사업만 한 것이 아니었다. 그는 하나님의 심판이 닥칠 거라고 하나님의 이름으로 큰 소리로 설교했다.

실제로 벌어진 일은 이 두 범주 중 어느 쪽에도 들어맞지 않는다. 니느웨라는 정치적 통일체 안에서 서로 싸우던 여러 계급과 개인들이 사회적 치유를 이루고 보다 정의로운 사회를 이루기 위해 손을 잡았다.[10] 하지만 그것은 성경이 가르치는 하나님의 진노를 공개적으로 선포한 설교 사역의 결과였다.

오늘날의 우리로서는 니느웨에서 펼쳐진 사역을 상상하기조차 어렵다. 사회 정의를 위한 일에 큰 관심을 갖는 이들은 흔히 그분의 뜻을 행하지 않는 이들에게 심판을 선언하시는 성경의 하나님에 대해 분연히 일어나 분명하게 말하지 않는다. 반면, 가장 강하게 공개적으로 회개를 설교하는 이들은 대부분 압제받는 이들을 위해 정의를 요구하는 사람으로 알려져 있지 않다.

그렇지만 이 본문은 우리에게 두 가지 모두를 행하도록 격려한다. 여기서 하나님은 선지자를 통해 사회개혁을 추구하신다. 니느웨의 착취적이고 폭력적인 행위를 바꾸려고 하시는 것이다. 하지만 동시에 도시가 죄를 범하실 하나님의 진노에 대해서 들어야 한다는 것도 알려주신다. 엘륄은 이렇게 썼다.

> [요나는] … 사람들에게 말할 내용을 스스로 고를 자유가 없었다. 요나는 그들에게 가서 자신의 경험을 말하지 않았다. … 그는 자신의 설교 내용을 결정하지 않았다. … 이와 같이 … 우리의 증언은 하나님의 말씀에 완전히 붙들려 있다. 가장 위대한 성인이나 신비가가 하는 그 어떤 말도 하나님의 말씀에만 근거하지 않는 한 아무런 가치가 없다.[11]

두려움 없이 하나님의 말씀을 전하는 일과 정의와 가난한 자들을 보살피는 일에 모두 헌신하는 사역은 보기 드물지만, 이 둘은 신학적으로 분리될 수 없다. 이사야 시대에 이스라엘 사회의 특징은 너그럽고 평화로운 섬김과 협력이 아니라 탐욕스러운 착취와 제국주의적 권력 남용이었다. 이것은 사회의 와해와 심리적 소외로 이어졌다. 하지만 이사야는 이 불의한 사회를 "만군의 주님의 진노로 땅이 바싹 타버"린 곳으로 본다. "그 백성이 마치 불을 때는 땔감같이 되며, 아무도 서로를 아끼지 않[는]다. … 삼켜도 배부르지 않…[는]다. 므낫세는 에브라임을 먹고, 에브라임은 므낫세를 먹[는다]"(사 9:19-20, 새번역).[12] 이사야는 사회적 불의를 하나님의 진노를 사는 행위로만 보지 않았다. 비참함과 사회 해체, 사람들이 서로를 경제적 정치적으로 "삼키는 것"(그에 따라 그와 더불어 찾아오는 내면의 공허함과 불만)은 모두 실제로 하나님의 진노가 펼쳐진 것이다.

집에 불이 붙었는데 불꽃을 보지 못하는 상황을 상상해 보라. 집이 부서지고 무너지는데도 무슨 일이 일어나는지 알지 못할 것이다. 누군가가 불을 볼 수 있게 해줘야만 건물 붕괴를 이해할 수 있을 것이다.

하나님의 진노를 이해하지 못하고서는 수많은 사회와 제국, 기관, 삶이 허물어지는 이유를 온전히 이해할 수 없다. 알렉 모티어(Alec Motyer)는 이사야 말씀을 거론하

며 선하신 하나님이 창조하신 세계에서 악과 불의는 '본
질적으로 자기파괴적'이라고 썼다. 그에 따른 사회의 해
체는 "[하나님의] 진노를 표현한다. 하나님은 창조세계에
붙박아두신 원인과 결과의 과정을 감독하셔서 그 과정이
하나님의 거룩한 세계 통치의 표현이 되게 하신다."[13] 즉,
하나님은 잔인함, 탐욕, 착취에는 악에 대한 그분의 분노
를 드러내는 자연적이고 해체적인 결과가 따라오도록 세
상을 창조하셨다.

즉, 사회적 불의에 맞서 싸우는 일과 하나님 앞에
나와 회개하도록 사람들을 부르는 일은 신학적으로 맞물
려 있다.

마틴 루터 킹 주니어(Martin Luther King Jr.)는 사회정의
의 촉구를 하나님의 심판에 대한 믿음과 분리하는 실수
를 범하지 않았다. 그는 《버밍엄 감옥에서 온 편지》(*Letter
from a Birmingham Jail*)에서 어떻게 시민불복종과 일부 법(이
경우에는 인종차별법)을 어기는 일을 옹호할 수 있느냐는 질
문에 답한다. 그는 일부 법률이 불의하다고 대답했다.

사람에게는 정당한 법에 복종할 법적 책임뿐 아니라 도
덕적 책임까지 있습니다. 반대로, 부당한 법에는 불복종
할 도덕적 책임이 있습니다. 나는 '부당한 법은 법이 아
니'라는 아우구스티누스(St. Augustine)의 말에 동의합니
다. 그런데 그 두 가지의 차이가 무엇일까요? 어떤 법이
정당한지 부당한지 어떻게 결정합니까? 정당한 법은 도
덕법 또는 하나님의 법과 일치하는 인간의 법규입니다.
부당한 법은 도덕법과 불화하는 법규입니다.[14]

여기서 사회 정의를 위해 일하는 것과 정의로운 하
나님의 노여움을 선포하는 것은 전혀 분리되지 않는다.
킹 박사는 위대한 연설 '나에게는 꿈이 있습니다'(I Have a
Dream)에서 현대의 세속적 개인주의에 호소하지 않았다.
그는 "모두가 인생에서 자신의 의미와 도덕적 진리를 자
유롭게 규정해야 합니다"라고 말하지 않았다. 대신에, 그
는 성경을 인용하며 자신이 속한 사회를 향해 "[하나님의]
정의를 물 같이, 공의를 마르지 않는 강 같이 흐르게" 하
자고 촉구했다(암 5:24).[15]

하나님에 대한 절망으로
심연에 빠지다

요나는 니느웨 사람들에게 용서가 가능하다고 알려 주긴 했지만, 그것이 그의 설교의 핵심은 아니었다. 본문이 제시하는 그의 설교의 요지는 "사십 일이 지나면 니느웨가 무너질 수도 있다"가 아니라 "사십 일이 지나면 니느웨가 무너진다"였다! 그것이 요나가 열렬히 원하고 예측했던 바였다. 그는 진노를 설교하는 것을 즐거워했다. 눈물을 쏟으면서가 아니라 신이 나서 그 설교를 했다. 하나님의 망치가 속히 그들을 내려치기를 기대했던 것이다.

그러나 하나님은 자비롭게 응답하셨다. "하나님이 그들이 행한 것 곧 그 악한 길에서 돌이켜 떠난 것을 보시고 하나님이 뜻을 돌이키사 그들에게 내리리라고 말씀하신 재앙을 내리지 아니하시니라"(10절).

이것을 보고 요나는 하나님에 대한 절망과 실망의 심연으로 다시 빠져든다. 그의 반응은 독자에게 놀랍고, 그것을 시작으로 요나가 주님과 만나는 범상치 않은 마지막 장이 펼쳐진다.

¹ 요나가 매우 싫어하고 성내며 ² 여호와께 기도하여 이르되 여호와여 내가 고국에 있을 때에 이러하겠다고 말씀하지 아니하였나이까 그러므로 내가 빨리 다시스로 도망하였사오니 주께서는 은혜로우시며 자비로우시며 노하기를 더디하시며 인애가 크시사 뜻을 돌이켜 재앙을 내리지 아니하시는 하나님이신 줄을 내가 알았음이니이다 ³ 여호와여 원하건대 이제 내 생명을 거두어가소서 사는 것보다 죽는 것이 내게 나음이니이다 하니 ⁴ 여호와께서 이르시되 네가 성내는 것이 옳으냐 하시니라

박넝쿨 신앙

영혼 사랑 없는 순종은
온전하지 못하다

요나 4:1-4

성경의 모든 책 중에서 요나서는 예상치 못한 결말을 보여 주는 책이다. 특히나 마지막 장의 내용이 간과되었던 책이다. 대부분의 사람들은 요나서 이야기를 들어 보았지만 요나가 회개하고 물고기 배에서 나오는 것으로 이야기가 끝나는 줄 안다. 요나서 이야기가 그 뒤로 계속 이어지고 요나가 니느웨로 가서 성공적으로 말씀을 전한다고 말할 수 있는 사람은 생각보다 적을 것이다. 뿐만 아니라, 그들 중 대부분이 이야기가 거기서 끝난다고 생각한다. 하지만 깜짝 놀랄 마지막 장이 남아 있고, 전체 이야기의 진정한 교훈이 드러난다.

믿지 못할 일이
벌어지다

앗수르는 세계 최강대국이자 가장 잔인한 강대국이었다. 처음에 요나가 그 수도로 가서 말씀을 전하고 싶어 하지 않았던 것은 이해할 만하다. 하지만 그가 마침내 하나님의 임박한 심판을 선포했을 때 대규모 회개가 일어났다. 하나님은 그에 응하여 심판을 유예하셨고 도성을 멸망시키지 않으셨다.

그것은 놀라운 일이었다. 많은 현대의 독자들은 이런 이야기에 회의적으로 반응한다. 우리는 대규모 폭력의 기록은 쉽게 믿지만, 대도시의 다양한 계층 사람들이 일치하여 불의에서 돌이키기로 합의한다는 것은 좀처럼 믿지 못한다. 하지만 바로 그런 일이 벌어졌다. 이것은 하나님의 말씀이 우리가 상상하는 것보다 훨씬 강력하다는 것을 보여 준다.

우리는 요나서가 "그리고 요나는 기뻐하며 자기 땅으로 돌아갔다"라는 문장과 함께 의기양양한 분위기에서 3장으로 막을 내릴 것으로 기대하게 된다. 그러나 사건은 예기치 못한 국면을 맞는다. "요나가 매우 싫어하고 성"(1절)을 냈다. 요나의 반응은 충격적이고 이해하기 어렵다. 유명한 미술관에서 자신의 작품을 설치해 준다고 예술가들이 화를 내는가? 음악가들이 카네기홀에서 기립 박수를 받을 때 화를 내는가? 그렇다면 왜 요나는 평생 만난 이들 중 가장 거친 청중에게 말씀을 전하고 그들

중 마지막 한 사람까지 적극적 반응을 보였는데 불같이
격분하여 어찌할 바를 모를까?

야훼여,
야훼여

요나의 문제는 구체적으로 무엇이었을까? 2절에서
그는 말한다. "여호와여 내가 고국에 있을 때에 이러하
겠다고 말씀하지 아니하였나이까." 이제서야 독자들은
요나가 이제껏 하나님과 말다툼을 벌였음을 알게 된다.
2절과 3절은 그 짤막한 예를 보여 주는데, 나머지를 상상
하기는 어렵지 않다. "주께서 이렇게 나오실 줄 저는 알
았습니다! 이 사람들은 악합니다. 이들이 달라진 것은 그
저 겁을 먹었기 때문입니다. 회심한 것도 아니고 주님을
예배하기 시작한 것도 아닙니다. 그냥 달라지겠다고 약
속했을 뿐입니다. 그런데 그것만으로도 주님은 저들에게
자비를 베푸십니다! 주께서 자비로운 하나님이신 것은
좋지만 이번에는 너무 심하셨습니다."

'야훼'라는 이름("주님"으로 번역됨)은 2장 이후 등장하지 않았는데, 이제 요나는 말 그대로 이렇게 외친다. "아아, 야훼여!" 야훼는 인격적이고 언약적인 하나님의 이름이고, 하나님은 이 이름을 자기 백성 이스라엘에게만 계시하셨다. 여기서 요나는 이스라엘과 맺은 하나님의 언약을 염두에 두고 있다. 주님은 이스라엘을 보존하시고 그들을 통해 세상에서 그분의 뜻을 이루시겠다고 약속하셨다. 하나님은 어떻게 자기 백성을 붙드시겠다는 약속을 지키시면서 동시에 자기 백성의 원수들에게 자비를 베푸실 수 있을까? 정의로운 하나님을 자처하시면서 어떻게 악과 폭력을 처벌하지 않으실 수 있을까?

그렇다면 요나의 마음속 문제는 신학적인 것이다. 요나의 마음속에서 하나님의 정의와 하나님의 사랑이 모순되고 있다. "그는 하나님이 이스라엘을 사랑하시고 그분의 선택된 백성에게 자비를 베푸신다는 것을 알았다. 그는 하나님의 이 특별한 사랑이 ⋯ 이방인들, 무엇보다 니느웨의 주민들처럼 악한 이방인들에게 확대되어서는 안 된다고 뼛속 깊숙이 느끼고 있었다."[1]

하나님 사랑에 맞설 만큼
비대해진 마음의 문제

그런데 요나의 큰 분노는 그를 당혹스럽게 만든 것이 어려운 신학적 문제만이 아님을 보여 준다. 그가 죽고 싶다고 말하고(3절) 하나님이 그의 과도한 분노를 놀랄 만큼 부드럽게 나무라실 때(4절), 우리는 요나의 진짜 문제가 그의 마음 가장 깊은 곳에 있음을 알게 된다. 어쩌면 모든 신학적 문제들은 우리의 지성만이 아니라 우리의 헌신, 욕망, 정체성에서 작동한다고 말할 수 있을지도 모른다.

요나는 사실상 "그것 없이는 더 이상 살고 싶지 않습니다"라고 말했고, 그것은 그가 하나님 대신에 인생의 주된 기쁨, 이유, 사랑으로 받아들였던 것을 잃어버렸다는 뜻이다. 그는 하나님과 관계를 맺고 있었지만 더 귀하게 여기는 것이 따로 있었다. 그의 폭발적인 분노는 그것을 얻지 못한다면 하나님과의 관계를 내다버릴 의향이 있음을 보여 준다. 우리가 "하나님, 제게 A를 주시지 않으시면 당신을 섬기지 않겠습니다"라고 말할 때, A가 우리의 참된 근거요, 최고의 사랑, 진정한 신, 가장 원하고 의뢰하는 대상임이 드러난다. 여기서 요나는 그의 삶의 유일하고 참된 근원이 되셔야 할 하나님께 "저에겐 의미의 근원이 없습니다!"라고 말하고 있다.

요나에게 그것은 무엇이었을까? 하나님은 니느웨의 회개를 기뻐하셨지만, 그것은 이스라엘의 국익에는 위협이 되었다. 하나님의 뜻과 이스라엘의 정치적 운명이 따로 움직이는 것만 같다. 그렇다면 둘 중 하나를 선택해야 한다. 여기서 요나는 자신에게 둘 중 어느 것이 더 중요한지 분명하게 밝히고 있다. 물론, 자기 나라를 염려하는 누구라도 앗수르의 생존에 불안감을 느꼈을 것이다. 앗수르가 테러 국가였기 때문이다. 하지만 요나는 많은 시편 저자들과 달리 자신의 불안을 가지고 하나님께 나아가지 않았고 그분을 신뢰하지 않았다. 이스라엘의 안전과 하나님에 대한 충성 중 하나를 선택해야 한다면, 그는 하나님을 밀어 낼 준비가 되어 있었다. 그것은 자기 나라에 대한 관심과 사랑을 넘어선 일종의 신격화였다.

몇 년 전, 요나서의 이 대목으로 설교를 했다. 설교를 마친 후 교인 중 한 사람이 불쾌감을 표시했다. 그는 내가 요나를 비판하지 말았어야 한다고 생각했다. "요나는 훌륭한 애국자였을 뿐입니다. 우리 모두 애국자가 되어야 합니다."

나는 나라를 사랑하고 자국민을 사랑하는 것은 다른 여느 사랑과 마찬가지로 좋은 일이지만 그것이 도를 넘으면 안 된다고 대답했다. 우리가 나라 사랑을 명분으로 사람들을 착취하거나, 요나처럼 한 국민 전체가 영적으로 망하기를 응원하게 된다면, 그것은 우리가 하나님보다 자기 나라를 더 사랑한다는 뜻이다. 이것은 어떻게 보더라도 우상 숭배다.

선교사 요나는 니느웨 사람들이 회개의 첫걸음을 내디딘 것을 기뻐했어야 한다. 일반적으로 하나님을 온전히 믿는 일은 요나와 같은 배에 있던 뱃사람들과는 달리 하룻밤 새 이루어지지 않는다. 니느웨 사람들은 회개할 의향을 보여 주었고, 요나는 그들에게 이 새로운 하나님의 성품 및 그분과의 언약적 관계가 무엇을 의미하는지 가르쳐서 회개의 여정을 이어가도록 도울 준비가 되어 있어야만 했다. 그러나 요나는 그들이 하나님께로 움직이기 시작한 것만 보고도 격분했다. 니느웨 성으로 되돌아가 가르치고 설교하는 대신, 그는 하나님이 그곳을 심판하시기를 바라며 성 바깥에 머물렀다(욘 4:5).

그리스도인들이 다른 민족과 종족의 유익 또는 구원보다 자신들의 이익과 안전에 더 관심을 가진다면, 요나 같은 죄를 짓고 있는 것이다. 그들이 인류의 유익이나 세상에서 하나님 나라가 진척되는 것보다 자기 나라의 경제적 군사적 번영을 더 중요하게 여긴다면, 요나와 같은 죄를 짓고 있는 것이다. 그들의 정체성은 구원받은 죄인이자 하나님의 자녀라는 사실이 아니라 그들의 민족과 국적에 뿌리내리고 있는 것이다. 자기 나라와 국민에 대한 요나의 정당한 사랑은 지나치게 커져서 하나님 사랑에 맞설 만큼 비대해졌다. 정당한 인종적 자부심이 인종차별주의가 될 수 있다. 정당한 국가적 자부심과 애국심이 제국주의가 될 수 있다.

성경을

바로 읽어야 한다

요나는 하나님을 질책하고 나서면서 말씀을 인용한다. 출애굽기 34장 6-7절에서 하나님은 모세에게 자신을 "자비롭고 은혜롭고" "악을 용서하"는 존재로 계시하셨다. "요나는 오로지 자신을 정당화하기 위해 ⋯ 하나님과 하나님을 대립시킨다."[2] 그는 성경을 취사 선택해서 읽고, 하나님은 "죄를 벌하지 않은 채 그냥 넘기지" 않는다고 하신 출애굽기 34장 7절(새번역) 하반부의 말씀은 무시했다. 그는 모든 사람을 사랑하시고 악을 심판하지 않으시는 단순화된 하나님의 모습을 만들어 낸다. 성경을 이용하여 자신의 과도한 울분, 분노, 쓰라린 마음을 정당화한다.

요나가 한 일은 종교인들이나 가장 경건한 그리스도인들에게도 매우 위험하다. 성경을 선별적으로 이용하여 자기를 정당화하는 일이었다.[3] "성경을 해부하고 성경이 성경을 반대하게 만드는" 방식으로 성경의 권위를 허물어 성경에 복종할 필요가 없게 만드는 학자가 그중 한 가지 사례이다. 또 다른 사례로는 "비그리스도인들이나 자신과 견해가 다른 그리스도인들에 맞서기 위해 ⋯ 성경을 펼쳐 자신의 정당성을 찾아내고, 자신의 생각이 다른 이들에 비해 얼마나 우월한지 보여 주는 논증들을 찾아내는 단순한 그리스도인들"을 꼽을 수 있다.[4] "아하! 내가 맞잖아!"라고 말하기 위해 성경을 읽을 때, 성경을 읽으면서 자신이 의롭고 지혜롭게 느껴질 때, 우리는 성경을 이용하여 자신을 바보나 그보다 못한 존재로 만들고 있다. 성경은 악한 바보들의 특징이 "스스로 지혜롭게 여기는"(참고, 잠 26:12) 것이라고 말하기 때문이다.

다시 말해, 성경을 읽는 데 자신이 더 의롭게 느껴진다면 성경을 잘못 읽고 있는 것이다. 성경의 중심 메시지를 놓치고 있는 것이다. 성경이 우리를 겸허하게 하고, 비판하고, 우리의 결함에도 불구하고 하나님의 사랑과 은혜로 우리를 격려할 때만 성경을 제대로 읽고 바르게 사용하고 있다고 말할 수 있다.

[성경이] 우리 자신에 대해 가르치는 것은 우리가 의롭지

않다, 우리는 스스로를 의롭다 할 도리가 없다, 우리는 …
다른 이들을 정죄하거나 다른 이들은 틀렸고 우리만 옳
다고 할 권리가 없고, … 하나님의 은혜로운 행하심만이
… 우리를 구원할 수 있다는 것이기 때문이다. 이것이 성
경의 가르침이고 우리가 이 가르침을 고수한다면 성경
읽기는 유용하고 건전한 일이 되어 우리 안에서 열매를
맺는다. [5]

엘륄은 자신의 옳음과 의로움을 확인하여 자신의
자아(egos)를 부풀리고 다른 모든 이들을 질타하는 데 성
경을 사용할 경우, 성경 공부는 "죽음의 원천이고 사탄의
일이 된다"라는 결론을 내린다. [6] 광야에서 예수님께 맞선
사탄은 성경을 인용하고 뒤틀어 하나님께 저항하는 또
다른 사례이다(마 4:1-11). 요나가 성경을 사용한 방식은 그
에게 기쁨을 가져다 주기는커녕 절망의 낭떠러지로 데려
간다. 이제 그는 하나님께 목숨을 거두어 달라고 청한다.

더 깊이, 더 깊이
내려가야 한다

지나고 나서 보니, 요나가 큰 물고기 배 속에서 드린 기도 안에는 나중에 그가 무너질 것임을 알리는 실마리가 들어 있었다.

애초에 요나가 달아났던 이유는 하나님이 이스라엘의 적들에게 자비를 베푸실 것이라고 생각했고 그것을 불의하다고 보았기 때문이었다. 그런데 2장에서 요나는 본인에게 자비가 필요하며 하나님이 그를 철저히 공정하게 대하셔서 그가 받아 마땅한 것만 주신다면 아무런 소망이 없다는 현실에 직면했다. 그래서 물고기 배 속에서 자신에게 은혜가 필요함을 더 깊이 이해하게 되었다.

하지만 요나는 기도의 마지막에서 우상을 붙드는 자들은 하나님의 사랑을 빼앗기게 된다고 말했다(욘 2:8). 자신에게 은혜가 필요함을 깨달았지만, 교만은 여전히 남아 있었다. 이교도들은 우상을 섬겼지만 자신은 아니라고 확신한 것이다! 그렇다. 물론 그도 자비가 필요한 존재였으나 이교도들과 같은 수준은 아니었다. 그에게는 여전히 모종의 영적 공로가 있었다. 여전히 하나님께 내세울 것이 있었다. 사회심리학자 조너선 하이트(Jonathan Haidt)는 연구 끝에 "독선은 정상적 인간 조건"이라는 결론을 내린다.[7] 인간에게는 자신의 업적과 노력을 통해 스스로를 정당화하고 자신의 의, 민족, 경력, 성취를 자랑하려는 피할 수 없는 욕망이 있다는 성경의 말씀과 들어맞는 결론이다(참고. 렘 9:23-26, 롬 3:27-31).

요나의 독선은 다소 줄었지만 사라지지는 않았다. "구원은 여호와께 속하였나이다!" 하고 외쳤지만, 사실상 "그러나 나는 저 끔찍한 이교도들과 다릅니다!"(욘 2:8-9)라고도 부르짖었다. 하나님이 니느웨에 자비를 베푸시자 요나가 영적 충격을 받고 어쩔 줄 몰라 했던 것은 이 때문이다. 그는 여전히 자비는 어느 정도 받을 자격이 있는 사람에게 베풀어야 하고 니느웨 사람들은 그럴 자격이 없다고 생각했다.

우리는 하나님의 은혜를 이해하고 그로 인해 변화를 이루려면 언제나 여러 단계로 구성되는 긴 여정이 따라야 한다는 것을 요나를 통해 배운다. 그것은 한 번의

카타르시스적 경험 또는 파국적 경험(물고기 배 속에 들어가는 것 같은!)으로 이루어질 수 없다.

피츠버그에서 이리 호(Erie Lake)로 이어지는 주간 고속도로가 건설되던 기간에, 한 구간이 늪지를 통과하는 바람에 몇 년 동안이나 공사가 완성되지 못하고 남아 있었다. 늪 위에 놓은 다리가 무너지는 일이 없도록 바닥까지 닿는 말뚝들을 박아 넣었다. 그러나 이제 바닥에 이르렀다고 생각할 때마다 말뚝이 또다시 내려앉았고 그들은 더 깊이 구멍을 뚫어야 했다.

요나의 마음이 그와 같았다. 그가 하나님과 그분의 은혜를 철저히 파악한 것처럼 보일 때마다, 사실은 더 깊이 내려갈 필요가 있다는 것이 드러났다. 사람 마음의 '근저'까지 내려간다는 것이 의미하는 바는 무엇일까? "주님, 그것을 주신다면 주께 순종하겠습니다"라고 말하는 사람에게는 '그것'이 절대적인 것이고 하나님은 그 목적을 이루기 위한 수단에 불과하다. 무엇이 되었든 '그것'이 진짜 근저에 놓인 것이다. 그것이 하나님보다 그의 행복에 더 근본적이다.

마음에 하나님보다 더 중요한 것이 있는 한, 우리는 요나처럼 허약하고 독선적인 사람이 될 수밖에 없다. 무엇이 되었든 그로 인하여 교만해지고 그것을 갖지 못한 이들을 깔보게 될 것이다. 두려움과 불안이 생겨날 것이다. 우리 행복의 토대가 위협을 받는 상황이 되면, 분노, 불안, 절망에 휩싸여 어쩔 줄 모르게 될 것이다.

하나님의 은혜로 우리 마음의 근저에 도달한다는 것은 우리가 여러 방식으로 온갖 것을 우상과 자력 구원의 수단으로 삼는다는 것을 인식하는 일이다. 또한 이로 인하여 사실은 우리가 온전히 하나님의 은혜로 사는 존재임을 마침내 인정하는 것이다. 그러면 우리는 하나님으로부터 무언가를 얻기 위해서가 아니라 하나님을 위해, 하나님 때문에, 그저 하나님의 하나님 되심으로 인해, 하나님을 알고 하나님을 기뻐하고 하나님처럼 되는 기쁨 때문에 하나님을 섬기게 될 것이다. 우리가 하나님의 은혜로 마음의 근저에 이를 때, 그 은혜가 우리의 독선과 두려움을 서서히, 그러나 확실하게 뽑아내기 시작한다.

하나님은 한 가지 질문으로 요나를 점잖게 나무라신다. "네가 성내는 것이 옳으냐?"(욘 4:4) 화는 잘못이 아니다. 사랑하는 그 무엇이 위협받거나 해를 입을 때 화를 내는 것은 적절한 반응이다. 그러나 '그런' 분노, 즉 독선과 두려움에서 나온 과도한 분노는 요나가 사랑하는 것이 가짜 신이라는 조짐이다. 그는 자기 민족과 나라에 과도하게 몰두하고 있다. 요나가 하나님의 은혜 안에만 거하는 무한한 평화를 맛보려면 이 우상 숭배를 깨닫고 버려야 할 것이다.

⁴ 여호와께서 이르시되 네가 성내는 것이 옳으냐 하시니라 ⁵ 요나가 성읍에서 나가서 그 성읍 동쪽에 앉아 거기서 자기를 위하여 초막을 짓고 그 성읍에 무슨 일이 일어나는가를 보려고 그 그늘 아래에 앉았더라 ⁶ 하나님 여호와께서 박넝쿨을 예비하사 요나를 가리게 하셨으니 이는 그의 머리를 위하여 그늘이 지게 하며 그의 괴로움을 면하게 하려 하심이었더라 요나가 박넝쿨로 말미암아 크게 기뻐하였더니 ⁷ 하나님이 벌레를 예비하사 이튿날 새벽에 그 박넝쿨을 갉아먹게 하시매 시드니라 ⁸ 해가 뜰 때에 하나님이 뜨거운 동풍을 예비하셨고 해는 요나의 머리에 쪼이매 요나가 혼미하여 스스로 죽기를 구하여 이르되 사는 것보다 죽는 것이 내게 나으니이다 하니라 ⁹ 하나님이 요나에게 이르시되 네가 이 박넝쿨로 말미암아 성내는 것이 어찌 옳으냐 하시니 그가 대답하되 내가 성내어 죽기까지 할지라도 옳으니이다 하니라 ¹⁰ 여호와께서 이르시되 네가 수고도 아니하였고 재배도 아니하였고 하룻밤에 났다가 하룻밤에 말라 버린 이 박넝쿨을 아꼈거든 ¹¹ 하물며 이 큰 성읍 니느웨에는 좌우를 분변하지 못하는 자가 십이만여 명이요 가축도 많이 있나니 내가 어찌 아끼지 아니하겠느냐 하시니라

하나님의 오래 참으심

은혜에 붙들려
다시 사명자로 서다

요나 4:4-11

오래

참으시다

요나는 물고기 배 속에서 회심 경험을 한 것 같았다. 그는 하나님의 은혜를 붙잡았고 하나님의 말씀을 겁없이 전하라는 명령에 순종했다. 그는 이제 곧 닥칠 하나님의 진노를 예언했지만 그 다음에 아무 일도 일어나지 않았다. 그는 자신이 바보처럼 느껴졌다. 니느웨 사람들은 하나님의 심판을 받아 마땅했다. 그런데 왜 하나님은 그들에게 자비를 베푸셨을까?

앞서 하나님의 진노가 치명적 폭풍 가운데 요나에게 임했었고 요나는 오로지 하나님의 자비 덕분에 살아남았다. 그도 심판을 받아야 마땅했지만 자비를 받았고 그 때문에 기뻐했다. 그러나 그 모든 것은 잊혀졌다. 요나는 배은망덕한 종처럼 용서받고도 다른 이들을 용서하기를 거부한다(마 18:21-35).

이 모든 상황에도 불구하고 하나님은 요나를 오래 참으신다. 요나는 하나님께 화를 내고 반대하던 원래 모습으로 돌아간다. 하지만 이번에 하나님은 격렬한 폭풍을 보내는 대신에 요나와 부드러운 대화를 시작하신다. 하나님은 심리치료사가 건넬 만한 질문을 던지신다. "네가 성내는 것이 옳으냐?"(욘 4:4)

이것은 겸손의 교훈이자 강한 위로의 교훈이다. 우리는 종종 사람들에게 이런 인상을 심어 준다. "회심 후에는 모든 것이 장밋빛이고 더 이상 어떤 문제도 없으며 우리의 뜻은 하나님의 뜻과 자동적으로 일치한다. … 하나님의 요구를 행하는 것은 어렵지 않고 달콤하다."

그러나 "바울은 자기 안에서 두 사람['옛 사람'과 '새 사람']이 싸운다고 말하고, 요나도 그것을 보여 준다. … 우리는 여전히 죄인이다"(참고. 갈 5:17, 엡 4:22-24). 물론 이것을 핑계로 나쁜 행동을 정당화할 수는 없지만, "하나님이 [인간 마음을] 총체적으로 아시고 … 그러면서도 하나님의 사랑과 오래 참음에는 다함이 없어 반항하는 자녀의 손을 계속 잡으신다"는 사실을 아는 데서 깊은 위로를 받을 수 있다.[1]

하나님이
눈물을 보이시다

하나님은 요나에게 한 번 더 찾아오셔서 그를 설득하신다. 우울하고 영적으로 눈먼 이 선지자를 하나님은 어떤 전략으로 대하실까?

요나는 여전히 독선이 가득하다. 하나님의 자비에 대한 그의 반응은 누가복음 15장에 실린 예수님의 비유 속에 나오는 형의 반응을 미리 보여 준다. 그는 하나님이 죄인들에게 자비를 베푸시는 것을 보고 마음이 상한다. 4장 1-5절에서 그는 하나님과 성난 대화를 나눈다. 이후 요나는 도시 근처에 머물기로 하고 임시 거처를 짓는다. 하나님은 집행유예를 선언하셨지만, 요나는 여전히 "그 도시에 무슨 일이 일어나는가"를 보고 싶어 한다. 하나님

152

이 니느웨를 긴 시간 동안 봐 주시지 않기를 바라는 바람이 여전히 있었던 것이다. [2]

하나님은 요나가 좀 더 편안히 머물게 하시고자 기가욘(gigayon) - 그늘식물 - 을 명하여 자라게 하신다. 주석가들은 이 식물을 아주까리, 또는 피마자로 보았다. 이 식물은 아주 빨리 자라고 넓은 잎으로 그늘을 만든다. [3] 요나가 "흐뭇하고 기분이 좋았다"라는 말이 나오는데, 이는 매우 강한 단어들이다. 깊은 낙심과 슬픔에 빠진 사람에게는 때때로 작은 위로가 특히 힘이 될 수 있다. 자기 연민이 그의 기쁨에 한 역할을 했을 수도 있다. 요나는 스스로에게 이렇게 말했을 지도 모른다. '그래, 드디어 이제 내게도 뭔가 제대로 되는구나.'

그래서 잔인할 만큼 덥고 뜨거운 바람이 부는 계절의 초입에 하나님이 벌레를 보내어 식물을 갉아먹게 하시고 식물이 시들자 요나는 유난히 충격을 받는다. 그가 이렇게 말하는 모습이 상상이 된다. "믿을 수가 없군! 그야말로 설상가상 아닌가?! 하나님을 믿는데 왜 이리 되는 일이 없는 걸까?" 절망과 더불어 요나의 분노가 되살아난다. "나는 화가 나고 괴로워서 죽겠습니다"(욘 4:9). 하지만 이 모든 일은 요나의 독선을 다루기 위한 하나님의 준비 작업이었다. 요나에게 건네신 하나님의 마지막 말씀은 짧지만 예리하고 논리적이다.

고대 철학자들은 '자비의 사랑'에 대해 말했다. 그것은 좋아하지 않는 사람들에게도 좋은 일과 유익한 일을 하는 것을 의미했다. 그것도 의지의 발휘였다. 애정이 없고 마음이 끌리지 않더라도 사랑의 행위를 하는 것을 뜻했다. 그 반대편에는 '애착의 사랑'이 있었다. 끌림과 애정이 있어서 누군가를 사랑하는 것을 말한다. 그리스의 스토아 철학자들은 신의 특징이 '아파테이아'(apatheia)라고 주장했다. 신은 사랑의 행위를 분명히 할 수 있지만, 한낱 인간에게는 마음의 애착을 가질 수 없다는 것이었다.[4] 그렇기 때문에 본문에서 하나님이 쓰시는 언어는 충격적이다.

10절과 11절의 '긍휼'에 해당하는 단어는 누구 또는 무엇으로 인해 슬퍼하고 마음이 부서져 우는 것을 뜻한다.[5] 하나님은 "너는 그 식물을 긍휼히 여겼다"(10절)라고 말씀하신다. 그것은 "너는 그것 때문에 울었다, 요나. 네 마음이 그것에 애착을 느꼈다. 그것이 죽었을 때 너는 슬퍼했다"라고 말씀하신 것과 같다. 이어서 하나님은 이런 취지의 말씀을 하신다. "너는 식물 때문에 슬퍼하지만 나는 사람들을 긍휼히 여긴다."

하나님이 스스로에게 이런 단어를 쓰신 것은 보통 일이 아니다. 이것은 애착의 표현이다. 하나님은 니느웨의 악과 길 잃은 상태를 슬퍼하신다. 누군가를 사랑하게 되면, 그가 행복할 때만 기쁘고 그의 괴로움이 내 것이 된다. 애착의 사랑을 하면 고통에 취약해지지만, 하나님은 이 대목뿐만 아니라 다른 여러 본문에서도 이렇게 말씀하신다(참고, 사 63:9). 창세기 6장 6절에 따르면 하나님이 땅의 악을 내려다보셨을 때 "그분의 마음에 고통이 가득했다."[6] 이런 표현이 영원하시고 불변하시는 하나님의 전능과 주권이 조금이라도 타격을 입는다는 의미일 수는 없지만, 이 강력한 선언에 우리는 놀라야 마땅하다.[7]

인간으로서 우리가 느끼는 깊은 애착은 자의로 생겨나는 것이 아니다. 요나는 아주까리를 보고 "내 마음의 애정을 너에게 붙들어 맬 거다"라고 말하지 않는다. 우리는 많은 것이 필요하고, 그 필요를 채워 주는 많은 것에 정서적인 애착을 갖게 된다. 하지만 하나님께 필요한 것은 없다. 그분은 자기 안에서 더없이 완전히 행복하시고, 우리가 필요하지 않으시다. 그렇다면 하나님은 어떻게 우리에게 애착을 갖게 되신 것인가?

유일한 답변은 무한하시고 전능하시며 자족하시는 신적 존재가 자발적으로 사랑하신다는 것이다. 하나님께는 온 우주가 우리로 치면 보풀 하나만한 크기도 되지 않고, 우리는 그 보풀에 붙은 그보다 훨씬 작은 보풀일 뿐이다. 그런 하나님이 어떻게 우리에게 애착을 가질 수 있게 된 것일까? 어떻게 하나님이 "니느웨에서 벌어지는 일에 마음이 쓰인다. 그 일로 가슴이 아프다. 그 때문에 내가 슬퍼진다"고 말씀하실 수 있을까?

그것은 하나님이 자발적으로 그분의 마음을 우리에게 붙들어 매신다는 뜻이다. 성경의 다른 책에서 하나님은 악과 죄로 빠져드는 이스라엘의 모습을 보시고 그분의 마음이 속에서 뒤집힌다고 말씀하신다. "에브라임이

여, 내가 어찌 너를 놓겠느냐? 이스라엘이여, 내가 어찌 너를 버리겠느냐? … 내 마음이 내 속에서 돌이키어 나의 긍휼이 온전히 불붙듯 하도다"(호 11:8).

긍휼의 성품을

배우다

하나님의 긍휼은 추상적인 것이 아니라 매우 구체적이다. 그것은 그분의 태도는 물론이고 인간을 향한 행동에서도 드러난다. 하나님이 폭력적이고 죄 많은 이교도들을 "좌우를 분변하지 못하는"(욘 4:11) 이들이라고 말씀하시는 것이 흥미롭다. 하나님은 니느웨를 더없이 너그럽게 바라보고 계신다. 이 비유적 표현은 그들이 영적으로 눈멀고 길을 잃었으며 자신들의 문제의 근원이 무엇인지 그 문제에 대해 어떻게 해야 하는지 전혀 갈피를 못 잡고 있음을 의미한다. 니느웨를 파괴하시겠다는 하나님의 위협은 이런 맹목성과 무지가 궁극적으로는 그들이 저지른 악에 대한 변명이 되지 않는다는 것을 보여 주지만, 하나님의 놀랄만한 연민과 이해도 드러낸다.

　무엇을 위해 살아야할지 모르고, 자기 삶의 의미도 모르며, 옳고 그름을 구분하게 해 줄 안내자도 없는 사람들이 너무나 많다. 하나님은 그런 영적 안개, 영적 어리석음에 휩싸인 사람들을 내려다보시며 "바보 같은 놈들!"이라고 하시지 않는다. 우리는 어리석어서 곤경을 자초한 사람들을 보고 "꼴좋다"고 말하거나, 소셜 미디어에 "어떤 바보들이 그따위 소리를 하는 거지?"라고 조롱의 글을 올린다. 또 우리는 다른 정당 사람들이 패배하면 그저 고소해 한다. 이 모두는 그들과 우리를 분리시키는 방식이다. 우리는 한편으로는 교만 때문에, 다른 한편으로는 그들의 불행이 우리의 것이 되기를 원하지 않는 마음에서 그들과 거리를 둔다. 그러나 하나님은 그렇게 하시지 않는다. 진정한 긍휼, 우리 마음을 다른 이들에게 자발적으로 붙들어 맨다는 것은 그들의 슬픈 상황 때문에 우리가 슬퍼한다는 뜻이다. 그들의 처지가 우리에게 영향을 미친다. 대단히 불편하지만, 이것이 바로 긍휼의 성품이다.

니느웨 시를 향한 하나님의 분명한 너그러움은 장칼뱅(John Calvin)이 말한 요나의 가장 큰 죄, 즉 니느웨를 향한 '대단히 비인간적' 태도인 그의 옹졸한 편협함을 더없이 강력하게 질타하는 고발장이다.[8]

자신들이 행하는 일을
알지 못하다

신약성경에 조금이라도 익숙한 사람이라면 이 너그러운 하나님에 대해 읽고서 예수님을 떠올리지 않을 수 없다. 하나님은 요나에게 이렇게 말씀하신다. "나는 이 도시 때문에 울고 슬퍼한다. 너는 왜 그렇게 하지 않느냐? 네가 나의 선지자라면, 너에게는 왜 나의 긍휼이 없느냐?" 요나는 그 도시 때문에 울지 않았지만, 참된 선지자이신 예수님은 달랐다.

예수님은 생애 마지막 주에 나귀를 타고 예루살렘으로 들어가셨다. 예수님은 성의 지도자들과 군중의 손에 고난을 당할 줄 아셨지만, 요나처럼 분노에 가득 차거나 자기연민에 빠지지 않으셨다. "예수께서 … 그 도성을 보시고 우시었다. 그리고 이렇게 말씀하셨다. '오늘 너도 평화에 이르게 하는 일을 알았더라면 좋을 터인데! 그러나 지금 너는 그 일을 보지 못하는구나. … 이것은 하나님께서 너를 찾아오신 때를 네가 알지 못했기 때문이다'"(눅 19:41-42, 44절, 새번역). "예루살렘아, 예루살렘아, … 암탉이 제 새끼를 날개 아래에 모음 같이 내가 너희의 자녀를 모으려 한 일이 몇 번이냐? 그러나 너희가 원하지 아니하였도다"(눅 13:34).

십자가 위에서 예수님은 이렇게 외치셨다. "아버지, 저들을 사하여 주옵소서. 자기들이 하는 것을 알지 못함이니이다"(눅 23:34). 예수님은 이렇게 말하고 계신다. "아버지, 저들은 저를 고문하고 죽이고 있습니다. 저를 부인하고 배반하고 있습니다. 그러나 저들 중 누구도, 심지어 바리새인들조차도 자신들이 하는 일을 온전히 이해하지는 못합니다."

우리는 예수님의 이런 마음을 경이롭게 바라볼 뿐이다. 예수님은 그들에게 잘못이 없다고 말씀하시지 않는다. 그들은 잘못을 저질렀다. 그렇기 때문에 용서가 필요한 것이다. 하지만 예수님은 그들이 혼란에 빠졌고, 갈피를 잡지 못하고, 자신들이 하는 일의 끔찍함을 제대로 깨달을 능력이 없다는 것을 기억하신다. 여기, 완전한 마음, 완벽하게 너그러운 사랑이 있다. 그분은 잘못을 봐주지 않고 가혹하게 정죄하지도 않는다. 요나서 4장의 우시는 하나님이 인간의 몸을 입고 오셨다.

한 세기 전, 위대한 프린스턴의 신학자 B. B. 워필드 (B. B. Warfield)는 "우리 주님이 겪으신 감정들"(The Emotional Life of Our Lord)이라는 주목할 만한 학술논문을 썼다. 거기서 그는 그리스도의 감정을 묘사하는 복음서의 모든 사례를 살폈다. 그는 예수님이 겪으신 대표적 감정을 담아낸 전형적인 진술이 "불쌍히 여기셨다"라는 결론을 내렸다. 이 그리스어 구절은 말 그대로 존재의 가장 깊은 곳에서부터 마음이 움직였음을 뜻한다.[9] 성경에 예수님이 웃으시는 대목이 한번 나온다면 우시는 모습은 스무 번 나온다. 그분은 슬픔의 사람이었는데, 우울한 천성을 타고 나서가 아니었다. 그분은 성령과 아버지 안에서 엄청난 기쁨을 누리셨다(참고, 눅 10:21). 하지만 웃는 것보다 훨씬 많이 슬퍼하셨다. 그분의 긍휼이 우리를 그분과 이어 주었기 때문이다. 우리의 슬픔이 그분을 슬프게 했고, 우리의 고통이 그분에게 고통을 안겨 주었다.

요나는 예수님과 같은 모습의 선지자가 되어야 했다. 하지만, 물론 그분은 무한히 그 이상이시다. 예수님은 우리를 위해 울기만 하신 것이 아니라 우리를 위해 죽으셨다. 요나는 도시가 망하는 것을 지켜보려고 도시 밖으로 나갔지만, 예수 그리스도는 십자가에서 죽음으로 도시의 구원을 성취하기 위해 도시 밖으로 나가셨다.

본문에서 하나님은 니느웨로 인해 슬퍼하신다고 말씀하신다. 이 말은 도시의 악 때문에 부담을 느끼신다는 뜻이다. 모종의 신비로운 방식으로 죄 때문에 고통을 겪으신다. 하나님이 예수 그리스도를 통하여 세상에 오셔서 십자가를 지셨을 때, 그분은 정서적 고통만 겪으신 것이 아니다. 상상도 못할 여러 차원에서 온갖 고통을 겪으셨다. 십자가 처형의 육체적 고통에는 고문, 서서히 찾아오는 질식, 참을 수 없이 괴로운 죽음이 있었다. 거기에 더해 예수님은 모든 고통 중에서도 무한하고 도무지 헤아릴 수 없는 고통, 즉 하나님과 모든 사랑으로부터의 분리, 영원한 소외, 죄의 삯을 겪으셨다. 상상할 수 없는 그분의 긍휼 때문에 우리 모두를 위해 그렇게 하셨다.

그 깊이를
다 알 수 없다

이것은 우리를 요나의 신학적 문제로 되돌아가게 한다. 하나님이 어떻게 악을 행하는 자들을 심판하지 않을 수 있을까? 어떻게 죄를 용서하고 벌하지 않을 수 있을까?

현대 서구의 많은 사람들은 하나님의 자비를 거북해하지 않는데, 그것은 심판하시는 하나님 개념을 받아들이지 않기 때문이다. 그들은 '사랑의 하나님'을 원하지만, 악이 하나님이 사랑하시는 창조세계를 파괴할 때 분노하시지 않는다면 궁극적으로 그분은 사랑의 하나님이 아닐 것이다. 누군가를 사랑한다면 그의 생명을 위협하는 대상에게 화가 날 것이고 마땅히 그래야만 할 것이다. 어떤 이들이 지적한 대로, 상당히 편안한 삶을 살아온 사람, 즉 압제와 불의를 전혀 경험하지 못한 사람만이 죄를 벌하시는 하나님을 원하지 않을 것이다. 고국에서 집단 살해를 목격했던 한 작가는 우리가 '심판을 거부하시는 하나님'을 바라야 한다는 "명제가 탄생하려면 교외에 위치한 평화로운 가정이 필요하다"고 썼다. 그리고 그런 명제는 "땡볕에 바싹 마르고 무고한 자들의 피에 젖은 땅에서 말라 죽을 수밖에 없다"고 덧붙였다.[10]

그러므로 하나님이 진정 하나님이시라면 악을 벌하셔야 한다. 그렇다면 하나님은 어떻게 자비를 겸비하실 수 있을까? 거룩하고 의로우신 하나님이 어떻게 천벌을 받아 마땅한 사람들을 용서하실 수 있을까? 어떻게 완전히 거룩하신 동시에 더없이 사랑이 많으실 수 있을까?

많은 이들이 요나와 같은 어려움을 겪는다. 몇 년 전 나는 종교적 배경이 거의 없는 한 여성과 요나서 공부를 했다. 공부를 마쳤을 때, 예술비평가에다 문학을 읽는 데 능숙했던 그 여성은 의자에 등을 기대더니 그저 놀라

위했다. 그녀는 성경이 기본적으로 멜로드라마라고 생각했었다고 말했다. 멜로 드라마에는 완전히 선하거나 완전히 악한 일차원적 등장인물들이 나온다. 그녀의 말은 이렇게 이어졌다. "저는 성경의 하나님이 멜로드라마의 등장인물일 뿐이라고 생각했어요. 이교도들을 벌하고 신자들에게 복을 주는 존재로 본 거죠. 하지만 이 책의 하나님은 전혀 그런 분이 아니에요. 이분은 극도로 복잡한 분이세요. 때로는 신자들에게 복 주시고 이교도들을 심판하시지만, 또 다른 때에는 이교도들에게 복 주시고 신자들을 벌하세요. 진노의 존재 혹은 사랑의 존재가 아니라 둘 다이고, 그 모습이 뜻밖의 방식으로 드러나는군요." 하나님이 어떻게 진노의 하나님이자 사랑의 하나님일 수 있을까?[11]

출애굽기 33장 18절에서 모세는 하나님의 영광을 보게 해 달라고 청한다. 하나님은 그분의 영광을 보면 살아남을 수 없다고 응답하시지만, 모세를 바위틈에 피신시키고 "내 모든 선한 것"을 그 앞에 지나가게 하여 "내 등"만 보게 해 주겠다고 제안하신다(출 33:23).

그 다음, 출애굽기 34장 6-7절(새번역)에서 하나님은 모세에게 자신을 드러내시고 그분의 모든 선함이 그의 앞을 지나간다. 그때 모세는 하나님이 그분의 선함을 말로 표현하시는 것을 듣는다. "자비롭고 은혜로우며 … 악과 허물과 죄를 용서하는 하나님." 하나님은 거기에 이렇게 덧붙이신다. "그러나 나는 죄를 벌하지 않은 채 그냥 넘기지는 아니한다."

요나가 출애굽기 34장에 나오는 하나님의 말씀을 인용하며 하나님을 비난했던 것을 기억하는가? 하나님의 이 두 번째 진술은 하나님이 모세에게 하신 선언 중에서 요나가 부당하게 빠뜨린 부분이다. 하나님은 자신이 자비로운 동시에 악을 반드시 벌한다고 모세에게 말씀하셨다. 이것은 하나님이 선언하신 그분의 선하심의 두 측면이다. 하나님은 이렇게 말씀하신다. "여기 내 모든 선함이 있다. 나는 무한히 사랑이 많고 모든 사람을 용서하기 원한다. 그리고 나는 무한히 정의롭고 죄를 벌하지 않은 채 그냥 넘기는 일이 결코 없다."

이것은 놀라운 모순 같지만 잘 생각해 보면 '선함'이

라는 단어 하나가 모순적으로 보이는 두 가지 특성을 한데 묶어 준다는 것을 알 수 있다. 왜 하나님은 죄를 벌하셔야 하는 것일까? 그분이 악을 간과하신다면 완전히 선하실 수 없기 때문이다. 그러면 하나님은 왜 사람들을 잃어버리는 것을 원하지 않으실까? 사랑이 많다는 의미에서 그분이 너무나 선하시기 때문이다. 모두가 멸망하도록 그냥 내버려 두신다면 하나님은 완전히 선한 존재가 아닐 것이다. 그래서 그분의 의로움과 사랑은 서로 불화하기는커녕 둘 다 그분의 선함이 갖는 기능으로 작용한다. 하나님이 끝없이 사랑하시고 완전하게 정의롭지 않으시다면 무한하고 완전하게 선하실 수 없을 것이다.

그럼에도 불구하고 우리는 여전히 모순을 느낀다. 하나님이 어떻게 죄를 처벌하는 동시에 죄인들을 용납하고 용서하실 수 있는지 알 수가 없다. 우리는 하나님이 완전히 정의로우셔서 모든 계명을 지키는 사람들만 사랑하시거나, 완전한 사랑이셔서 실은 처벌해야 하는 많은 죄를 간과하실 거라고 생각한다.

하나님이 완전하게 정의로우신 동시에 완전한 사랑

을 베푸시는 방식으로 온전히 선하실 수는 없다고 생각한다. 우리가 구속사(救贖史)에서 모세나 요나와 같은 시기에 살았다면, 그들과 똑같이 앞으로 나갈 돌파구를 보지 못했을 것이다. 모세는 하나님의 선함의 '등'만 보았다. 그것은 그에게 신비로 남았고, 요나에게도 마찬가지였다.

우리는 그들과 다른 자리에서 서 있다

요한복음 1장에서 복음서 기자는 과감하게 이렇게 말한다. "예수 그리스도께서 육신이 되셔서 우리 가운데 [문자적으로] 장막을 치셨다"(tabernacled)(요 1:14). 의도적으로 쓴 '장막을 치다'라는 용어는 하나님의 영광이 장막에 거하셨음을 알려 주는 모세의 이야기를 떠올리게 한다. 바울도 이와 비슷하게 우리가 "그리스도의 얼굴에 나타난 하나님의 영광을 아는 지식의 빛"을 본다고 말하고, 그것이 "그리스도의 영광을 선포하는 복음의 빛"이라고 설명한다(고후 4:4, 6, 새번역).

　　우리는 예수 그리스도를 통해서, 오로지 그분을 통해서만, 모세가 보는 것을 허락받지 못했고 요나가 분별할 수 없었던 하나님의 모든 선함을 볼 수 있다. 예수 그리스도가 우리 죄를 위해 십자가에서 죽으셨고, 그로 인하여 하나님은 무한히 정의로우실 수 있었다. 모든 죄가 십자가에서 처벌받았기 때문이다. 그렇기 때문에 하나님은 무한한 사랑이실 수 있었다. 하나님이 그 죄를 친히 담당하셨기 때문이다.

　　예수 그리스도의 복음을 믿지 않으면, 사람들이 어떻게 살든 어떻게 행동하든 모두 용납하시는 하나님을 믿게 될 것이다. 그런 하나님이 다소 위로는 되겠지만 정말 우리가 열광할 만한 영광스러운 존재일까? 아니면 정의롭기만 한 하나님을 믿게 될 텐데, 그럴 경우 천국에 갈 수 있는 유일한 길은 아주 예외적인 선한 삶을 사는 것일 터이다. 정신이 번쩍 드는 소식이지만, 그것이 아름다울까? 우리를 감동시키고 우리 마음을 변화시킬 수 있을까?

예수 그리스도의 복음을 들여다볼 때만 비로소 하나님의 모든 선함이 우리 앞을 지나가게 되고 더 이상 등만 보이지 않을 것이다. 이제 우리는 하나님이 어떻게 그분의 영광을 보이셨는지 안다. 복음을 통해 그리스도의 얼굴에 하나님의 영광이 나타났다.[12]

하나님은 우리를 그냥 두지 않는다

하나님의 정의는 그리스도의 십자가를 통해 죄에 대한 온전한 형벌을 내리신 동시에 모든 믿는 자들에게 대가 없는 구원을 제공했다. 십자가 위에서 하나님의 정의와 사랑이 온전히 협력하여 뜻을 이루고 환하게 빛났다. "[그리스도를] 하나님이 그의 피로써 믿음으로 말미암는 화목제물로 세우셨으니 이는 … 자기도 의로우시며 또한 예수 믿는 자를 의롭다 하려 하심이[다]"(롬 3:25-26). 마르틴 루터(Martin Luther)가 말한 대로, 그리스도인이 믿을 때, 그 또는 그녀는 '시물 유스투스 에트 페카토르'(simul justus et peccator)이다. 이는 하나님이 보실 때 의로운 동시에 여전히 죄인이라는 뜻이다.

요나는 하나님이 어떻게 은혜로우시면서 동시에 정의로우실 수 있는지에 대한 답을 얻지 못했다. 하지만 요나의 이야기는 하나님의 선하심과 엄하심을 생생한 색채로 보여 준다. 요나는 은혜 위의 은혜를 받은 사람이다. 요나만큼 못난 구약의 선지자가 있을까? 예레미야와 하박국은 하나님이 백성에게 전달하라고 주신 메시지를 놓고 종종 고민했다. 하지만 요나는 하나님의 말씀을 전하지 않고 말 그대로 주님을 피해 달아났다.

엘리야는 절박한 심정으로 죽음을 달라고 청했는데(왕상 19:4), 그것은 백성이 그의 메시지를 믿지 않았기 때문이었다. 요나도 죽음을 달라고 청하지만(욘 4:3), 그 이유는 사람들이 그가 전하는 말을 믿었기 때문이다. 이야기의 모든 지점에서 요나는 이전의 다른 선지자들보다 못할 뿐 아니라 주위에 있는 소위 무지몽매하고 불경한 이교도들보다도 못했다. 하지만 하나님은 계속해서 요나를 구원하시고 오래 참으시고 그와 함께 일하신다.

하나님은 요나를 그냥 받아주시지 않고 홀로 내버려 두지도 않으신다. 요나가 어리석고 잘못된 태도와 행동 패턴에 그냥 안주하도록 두지 않으신다. 하나님은 폭풍, 물고기, 식물을 보내신다. 요나에게 거듭 일을 맡기시고 결국에는 그와 직접 상담하시고 논쟁을 벌이신다. 여기서 우리는 하나님의 의로움과 사랑이 협력하는 모습을 본다. 그분은 너무나 거룩하시고 너무나 사랑이 많으시기에 요나를 죽이거나 지금 모습 그대로 남아 있게 두실 수 없다. 그리고 같은 이유로 하나님은 우리를 지금 모습 이대로 두실 수 없다.

요나서는 하나님이 종종 혼란스럽고 복잡한 면모를 드러내신다는 것을 우리에게 분명하게 보여 준다. 이것은 하나님의 '단순성' 교리, 즉 하나님은 '부분들'의 결합이 아니고 그분의 모든 속성은 궁극적으로 하나라는 기독교의 역사적 교리를 부정하는 것이 아니다. 하나님께는 서로 조화시켜야 할 '사랑' 부분과 '의로움' 부분이 따로 있지 않다. 우리 눈에는 서로 대치하는 듯 보이지만, 궁극적으로는 완전한 하나이다.

하지만 그 하나 됨은 예수 그리스도의 사역의 빛을 통해서만 볼 수 있다. 하나님께 혼란을 느끼거나 화가 나는 것은 상당히 자연스러운 일이다. 그러나 요나처럼 우리가 그런 상태에 머문다면, 그리스도만 믿음으로 구원의 복음을 받아들이지 않기 때문일 것이다. 요나는 바로 그 복음의 표적이었다.

방법은 달라도
목적은 같다

요나서의 가장 두드러진 특징 하나는 놀라운 '열린' 결말이다. 이야기 전체가 하나님이 요나를 뒤쫓으시는 내용인데, 처음에는 무시무시한 폭풍으로, 나중에는 부드러운 질문과 논증으로 그렇게 하신다. 하지만 방법은 달라도 목적은 여전히 동일하다. 하나님은 요나가 자신의 모습을 보고, 자신이 하나님의 은혜를 계속해서 거부하고 독선을 고집하고 있음을 인식하기 원하신다. 하나님은 마지막 한 가지 질문을 제기하신다. "너는 내가 니느웨를 긍휼히 여기기를 원하지 않지만, 나는 그들을 긍휼히 여겨야 하지 않겠느냐? 내가 너에게 보여 준 모든 것을 고려할 때, 요나야, 내가 이 도시를 사랑해야 하지 않겠느냐? 너도 나와 함께해야 하지 않겠느냐?"

요나서는 어떤 대답도 없이 끝난다! 우리는 요나가 어떤 대답을 했는지, 그가 하나님의 자비의 논리를 이해하고 받아들였는지 아니면 거부했는지 알 수 없다.

요나서의 마지막 한 쪽이 사라진 것만 같다. 이야기가 왜 그렇게 갑자기 끝난단 말인가? 한 주석가는 다른 많은 주석가들처럼 이렇게 말한다. "[이 책은] 우리가 자신의 개인적 운명을 숙고하지 않을 수 없게 만든다. 요나서는 우리가 각자의 결론을 내릴 수 있도록 미완성으로 끝난다. … 당신이 요나이고, 내가 요나이기 때문이다."[13] 하나님이 이 질문의 화살을 요나에게 쏘시는 것 같지만 요나는 사라지고 우리는 이 화살이 우리를 겨냥하고 있음을 깨닫는다. 당신은 어떻게 대답하겠는가?

요나서는 이렇게 끝나고, 요나서 본문은 우리에게 자신만의 마지막 단락들과 마지막 장을 쓰도록 초대한다. 즉, 하나님은 이 말씀을 우리의 시간과 장소, 우리 삶에 적용하라고 요구하신다.

프롤로그에서 우리는 요나 이야기에 세 가지 층위가 있음을 보았다. 요나와 하나님의 말씀, 하나님의 세계에 있는 요나, 요나와 하나님의 은혜가 그것이다. 그러면 하나님의 말씀, 세계, 은혜는 우리와 어떤 관련이 있을까? 다음 몇 장에 걸쳐서는 요나의 생애에서 일어난 주요 사건을 모두 살피고 그것이 오늘날 우리에게 어떤 의미가 있는지 생각해 볼 것이다.

The
Prodigal
Prophet

Part 4

하나님께로 돌아가라,

부르심의 자리로 달려가라

여호와의 말씀이 아밋대의 아들 요나에게 임하니라

그러나 요나가 여호와의 얼굴을 피하려고

일어나 다시스로 도망하려 하여

10.

<u>하나님의 말씀을 향하여</u>

죽을힘 다해 도망하는 이에게
말씀이 필요하다

하나님은 요나에게 니느웨로 가라고 명령하셨지만 그는 정반대 방향으로 달아났다. 왜 그랬을까? 우리는 요나의 불순종이 하나님의 선하심에 대한 불신에 뿌리를 두고 있음을 보았다. 그는 하나님이 그에게 가장 좋은 것을 주신다고 믿지 않았다.

우리가 자신의 행동을 이해하고자 한다면, 하나님에게 짓는 모든 죄는 하나님이 우리의 유익에 나보다 더 관심을 갖고 계시고 그것에 대해 우리보다 더 잘 아신다는 것을 믿지 않는 데 근거한다는 사실을 알아야 한다. 우리가 하나님을 신뢰하지 않는 이유는 그분이 참으로 우리를 위하시지 않는다고 생각하며 하나님께 전권을 내어 드리면 우리가 비참하게 될 거라고 생각하기 때문이다.

죽을 힘을 다해

하나님의 손에서 벗어나다(욘 1:1-3)

아담과 하와는 "악해집시다. 우리의 삶과 다른 모든 사람의 삶까지 망칩시다!"라고 말하지 않았다. 그들은 그저 이렇게 생각했다. '우리는 행복해지고 싶을 뿐이야. 하지만 하나님의 명령은 우리가 번창하는 데 필요한 것들을 안겨 줄 것 같지가 않아. 우리 일은 우리가 독자적으로 처리해야 할 것 같아. 하나님을 신뢰할 수가 없어.' 요나는 이와 똑같은 생각을 하고 있다. 그는 인류의 역사를 재현하고, 우리 마음이 매일 어떻게 움직이는지 보여 준다. 인간이 그냥 악해지고 싶어서 거짓말을 하고 진실을 왜곡하고 속이고 착취하고 조종하고 이기적으로 행동하고 약속을 어기고 관계를 파괴하고 원한에 불타는 경우는 별로 없다.

우리는 배우자에게 거짓말을 하거나 불륜을 저질러서는 안 된다고 배웠지만, 인생의 기로에 서게 되면 이렇게 말한다. "하나님께 순종하면 기회를 놓치고 말거야! 나는 행복해져야 해." 이것이 자기정당화다. 죄는 언제나 하나님의 명예를 훼손하는 데서 시작된다. 우리는 하나님이 우리를 즐거움이 가득한 세상에 두셨지만 우리가 하나님께 순종하면 즐거움을 허락하지 않기로 마음먹으셨다고 믿는다. 이것이 뱀의 거짓말이고, 아담과 하와는 사탄의 이 첫 유혹에 넘어가 타락했다(창 3:4-5). 뱀은 하나님께 불순종하는 것이 온전한 행복과 잠재력을 실현할 유일한 길이라고 말했고, 이 망상은 모든 사람의 마음에 깊이 박혔다.[1]

　　우리가 하나님을 신뢰하지 않는 것은 무엇보다 자신의 지혜를 지나치게 신뢰하기 때문이다. 우리 삶이 어떻게 굴러가야 하고 무엇이 우리를 행복하게 해 줄수 있는지 하나님보다 자신이 훨씬 잘 안다고 생각한다. 중년에 접어든 사람이라면 이 생각이 얼마나 잘못된 것인지 잘 안다. 하지만 해가 가도 우리 마음은 여전히 동일한 원리에 따라 움직인다. 우리는 스무 살 때 얼마나 어리석었는지 기억하지만 이제 마흔이 되었으니 뭘 좀 안다고 생각한다. 그러나 오직 하나님만이 아신다.

　　이처럼 우리는 하나님의 선하심과 그분의 말씀을 깊이 불신하기 때문에 있는 힘을 다해서 하나님의 손에서 벗어나려고 한다. 이것이 세상에 존재했던 가장 근본적인 유혹이며 원죄이다. 구체적인 세부 내용은 다를 수 있지만 "내가 스스로를 챙겨야 한다"라는 마음 깊이 새겨진 노래가 언제나 거기에 있다. 요나는 하나님을 불신했고 그분을 피해 달아났다. 그것이 잘못이라면 그는 어떻게 했어야 할까?

오래전, 하나님은 아브라함에게 도무지 이치에 맞지 않는 명령을 내리셨다. "네 아들 네 사랑하는 독자 이삭을 데리고 … 가서 내가 네게 일러 준 한 산 거기서 그를 번제로 드리라"(창 22:2). 이유는 제시되지 않았고 하나님은 그 이전에 인신제사를 요구하신 적이 한 번도 없었다. 명령은 끔찍했다. 게다가, 하나님은 아브라함의 자손을 바닷가의 모래보다 많게 하시겠다고 엄숙하게 약속하신 바 있었다. 아브라함에게 내리신 하나님의 명령은 요나에게 주신 것보다 훨씬 더 이해하기 어려웠다. 그렇지만 아브라함은 어떻게 행동했는가? 그는 산으로 올라갔다. 자신이 가장 잘 아는 것처럼 행동하기를 거부했다. 하나님이 누구신지 상기했다. 아브라함은 이전에 이렇게 말한 적이 있었다. "세상을 심판하시는 이가 정의를 행하실 것이 아니니이까?"(창 18:25).

오늘날 우리 관점에서는 하나님이 아브라함의 인생

에서 행하신 많은 일이 선명하게 보인다. 당시의 아브라함으로서는 하나님이 그의 믿음을 튼튼하게 만들고 계심을 몰랐을 것이다. 아니, 굳이 알 필요도 없었다. 그저 그는 하나님을 신뢰했을 뿐이다.

요나는 아브라함의 믿음 이야기를 알고 있었다. 그지식이 그에게 영적 자원으로 작용했어야 마땅했다. 그러나 그는 아브라함의 발자취를 따를 수도 있었지만 그렇게 하지 않았다. 우리로서는 요나보다도 더 할 말이 없다. 우리는 예수 그리스도 안에서 무한히 더 큰 자원을 갖고 있기 때문이다. 예수님은 상상도 못할 압박에서도 "그러나 나의 원대로 마시옵고 아버지의 원대로 하옵소서"(마 26:39)라고 순종하심으로 우리를 구원하셨다.[2]

요나가 하나님이 주신 사명을 따르자면 죽음과 고난을 각오해야 했다. 오랜 세월 동안 많은 그리스도인이 언제라도 갑작스럽게 죽을 수 있는 지역에 가서 설교하고 선을 행하라는 부름을 받았다.[3] 하지만 요나는 자기 생각만 하고 순종하기를 거부했다. 하나님이 예수님께 맡기신 사명은 확실한 죽음과 무한한 고난을 의미했지만 예수님은 본인이 아니라 우리를 생각하고 그 길을 가셨다. 예수님이 말씀하신 '잔'은 죄에 대한 하나님의 진노와 우리가 받아야할 형벌을 그리스도가 대신 감당하는 것을 가리켰다.

그리스도가 우리를 위해 하신 일을 깨닫고 그 경이로움을 마음에 깊이 새긴다면, 하나님의 선하심을 신뢰할 수 없다는 완고한 믿음은 마침내 제거될 것이다. 우리는 이렇게 말할 수 있을 것이다. "하나님은 선하시다! 그분이 나를 위해 그 모든 일을 하셨으니 나를 사랑하시는 것이 분명하다. 그분은 내게 기쁨을 주시고 내게 필요한 것을 주시기 위해 무슨 일이라도 기꺼이 하실 것이다."

예수님이 우리를 구원하기 위해 어둠 속에서 하나님을 신뢰하신 것을 알 때, 우리는 상황이 혼란스럽고 어려워도 그분을 신뢰할 수 있을 것이다.

하나님은 추격을

멈추지 않으신다(욘 1:3-4)

요나는 하나님을 피해 달아났지만 폭풍은 그를 뒤쫓았다. 하나님께 불순종할 때마다 우리는 피조 목적을 위반하고 있는 것이다. 하나님은 그분을 섬기고 알고 누리도록 우리를 창조하셨기 때문이다. 세상에는 자연적 결과라는 것이 있고, 모든 죄에는 폭풍이 따른다. 하지만 우리는 폭풍에 시달려야 마땅한 요나뿐 아니라 그와 상관없는 뱃사람들에게도 폭풍이 덮치는 것을 본다. 세상은 폭풍 - 어려움과 고난 - 으로 가득하고, 그중에는 우리가 자초하지 않은 것도 많다. 어느 쪽이든, 하나님은 폭풍을 통해 우리 삶에 그분의 선한 뜻을 이루실 수 있다(롬 8:28).

우리 삶에 폭풍이 닥치는 한 가지 이유는 그것을 통해서만 가능한 방식으로 하나님을 의지하고 그분의 사랑과 능력을 발견하게 하려는 것이다. 성공회 목사 존 뉴턴 (John Newton)은 시련과 유혹을 다룬 목회 서신에서 우리가 가장 큰 고통 가운데 있을 때만 '영혼을 붙드시는' 하나님의 '능력, 지혜, 은혜'가 분명해지고, "견딜 힘을 완전히 넘어서는 압박에서도" 견디고 심지어 승리할 힘을 얻게 된다고 썼다.[4] 그는 하나님이 고난을 통해 일하시는 또 다른 방식이 지금의 고난이 나중의 "더 큰 악을 방지해 주는" 것이라고도 썼다.[5] 자신의 맹목성, 교만, 자충족성을 결코 인식하지 못하는 것은 누구에게나 가장 큰 위험이다. 우리는 삶을 지혜롭게 꾸려갈 능력을 넉넉히 갖고 있다고, 자신이 실제보다 덕스럽고 정직하고 점잖다고 자연스럽게 믿는다. 이것은 치명적 오류이고, 사탄은 우리가 끝내 진실을 보지 못하게 하려고 오래오래 운이 좋고 번영하는 삶을 누리게 기꺼이 허락할 수 있다. 하지만 사랑이 많으신 하나님은 우리가 스스로의 상태에 눈을 떠서 뭔가 조치를 취할 수 있기를 원하신다. 그래서 많은 이들의 삶에 폭풍을 보내신다.

여러 해 전, 깊은 숲속 외딴 오두막에 사는 사악한 마녀가 나오는 전래 동화를 읽었다. 지나가던 여행자들이 묵을 곳을 찾아 오면 마녀는 식사와 침대를 제공했다. 침대는 어느 누구도 그런 감촉을 느껴보지 못했을 만큼 놀랍게 편안했다. 그러나 그 침대는 어둠의 마법이 걸린 상태여서 거기서 잠들면 해가 떠오를 때 돌로 변하고 만다. 그러면 그 석상은 세상이 끝날 때까지 마녀의 소장품이 된다. 이 마녀는 한 어린 소녀를 불러 자기를 섬기게 했는데, 소녀는 마녀에게 저항할 힘이 없었지만 마녀의 희생자들을 불쌍히 여겼다.

어느 날 한 젊은이가 숙식할 곳을 찾아왔고 거기서 묵게 되었다. 소녀는 그가 돌로 변하는 것을 견딜 수가 없었다. 그래서 그의 침대에다 나뭇가지, 돌멩이, 엉겅퀴를 잔뜩 집어넣었다. 침대는 말도 못하게 불편해졌다. 그가 몸을 뒤척이면 온갖 물체가 느껴졌다. 그때마다 그것을 빼내 침대 밖으로 내던졌지만 그래도 새로운 것들이 자꾸만 나와 그의 몸을 찔렀다. 결국 그는 밤잠을 설쳤고 피곤하고 지친 몸으로 동트기 한참 전에 일어났다. 문을 나서다가 소녀와 마주친 그는 불평을 있는 대로 쏟아냈다. "여행자에게 어떻게 나뭇가지와 돌멩이가 가득한 끔찍한 침대를 제공할 수가 있습니까!" 그렇게 소리치고 그는 갈 길을 갔다. 소녀는 이렇게 속삭였다. "아, 당신이 느낀 불편함은 편안한 잠을 대가로 당신이 빠져들었을 무한히 심각한 비참함에 비하면 아무것도 아니랍니다! 그건 내 사랑의 나뭇가지와 돌멩이였어요."

하나님은 우리를 일깨우시고 그분을 의지하게 하시고자 우리의 침대에 사랑의 나뭇가지들과 돌멩이들을 놓으신다. 그것은 역사의 끝, 혹은 인생의 끝에서 우리 마음속에 주님이 없는 일이 없도록, 우리가 돌로 바뀌는 일이 없도록 하기 위함이다. 참으로, 성경은 구원에 대해 이와 같이 말한다. "[내개] 너희에게 새로운 마음을 주고 너희 속에 새로운 영을 넣어 주며, 너희 몸에서 돌같이 굳은 마음을 없애고 살갗처럼 부드러운 마음을 주[리라]"(겔 36:26, 새번역).

자족성, 자기중심성, 자기 구원은 실패자와 패배자로 여겨지는 이들을 가혹하게 대하게 만들고, 아이러니하게도 우리가 스스로의 기준에 부합하지 못할 때 끝없이 자기를 혐오하게 한다.[6]

요나에게 몰아친 폭풍과 풍랑 깊숙한 곳에서 하나님은 큰 물고기를 정하시고 그를 구원하셨다. 이것은 로

마서 8장 28절의 원칙을 생생하게 보여 주는 그림이다. 우리가 만나는 폭풍의 중심에는 사랑이 있다. 그리스도를 믿고 하나님께 돌이키면 그분은 우리가 빠져 죽게 내버려 두지 않으신다. 왜 그런가? 우리를 정말로 파괴할 수 있는 유일한 폭풍 - 죄와 악에 대한 하나님의 정의와 심판의 폭풍 - 은 결코 우리를 덮치지 않을 것이기 때문이다. 예수님은 우리를 위해 그 궁극적 폭풍에 자발적으로 자신을 맡기셨다. 우리가 받아야 할 죄의 형벌을 받으셨다. 우리가 그분을 신뢰할 때 죄를 용서받을 수 있게 하시기 위해서였다. 이 사실을 다 알아도 우리의 고난에 대한 모든 의문이 해소되지는 않을 것이다. 그러나 의문 속에서도 그분이 여전히 우리를 사랑하신다는 것만은 분명히 알 수 있을 것이다. 예수님이 우리 대신 그 폭풍 속으로 던져졌기 때문에, 우리는 이 폭풍 한복판에 우리를 향한 사랑이 있음을 확신할 수 있다.

지나간 시간 속 베푸신 사랑 있기에

어려움 가운데 가라앉도록

그분이 끝내 날 버리실 거라

차마 생각할 수 없네 …

내가 기도로 씨름하면

그분이 이루시리라

그리스도, 배 안에 함께하시니

나 폭풍을 보고 미소 짓네[7]

요나와 예수님을 통해 보는

사랑의 원형(욘 1:11-17)

신약성경은 요나가 뱃사람들을 물리적으로 구원하기 위해 죽을 뻔했던 사건을 예수님이 우리를 영원히 구원하기 위해 실제로 죽으신 일의 표적으로 보는데, 이것을 의심할 필요는 없다. 주석가들은 폭풍 속 요나의 경험과 마가복음 4장 35-41절의 갈릴리 호수에서 예수님이 경험하신 폭풍 사이에 흥미진진한 유사성이 있음을 지적했다. 예수님과 요나 모두 배를 타고 물로 나갔다. 예수님의 배와 요나의 배 모두 폭풍을 만났다.

두 폭풍 다 유달리 강력했다. 예수님도 요나도, 강력한 폭풍 한복판에서 놀랍게도 잠들었다. 배 안의 다른 사람들은 잠든 이에게 와서 자기들이 죽게 생겼다고 무엇이라도 해 보라고 부르짖는다. 마가복음 4장 38절에서 제자들은 우리가 고난 중에 하나님께 느끼는 바를 토로하는 듯하다. "제자들이 깨우며 이르되 '선생님이여 우리가 죽게 된 것을 돌보지 아니하시나이까?' 하니[라]." 마가복음 4장과 요나서 1장에서는 하나님의 기적적인 개입이 있었고 바다가 잔잔해졌다.

끝으로, 뱃사람들과 제자들은 폭풍에 시달릴 때보다 구원받은 후에 더 두려워했다(막 4:41, 욘 1:16). 이 유사성은 우연의 일치일 수 없다. 이 유사성 때문에 마가는 뱃사람들을 위해 기꺼이 죽겠다는 요나의 의지가 그보다 더 큰 구원을 가져다 주는 무한히 더 큰 희생적 사랑을 가리킨다고 말한다.

요나와 달리, 예수님은 바다로 던져지지 않았다. 예수님은 물에 빠져 죽는 것보다 훨씬 더 큰 위험에서 우리를 구원하러 오셨기 때문이다. 예수님은 갈릴리 호수의 폭풍을 잔잔하게 하고 제자들을 구하셨다. 그리고 이후 우리를 죄와 죽음 자체에서 구원하시기 위해 십자가에서 하나님의 진노라는 궁극적 폭풍 속으로 던져지셨다. "요 나가 밤낮 사흘 동안 큰 물고기 배 속에 있었던 것 같이 인자도 밤낮 사흘 동안 땅 속에 있으리라"(마 12:40).

요나가 뱃사람들에게 자신을 배 밖으로 던지라고 말하고 자신을 희생하여 그들을 구했을 때, 그는 성경의 중심 테마를 재연한 것이었다. 여기에는 우리가 살펴볼 수 있는 적어도 두 가지 측면이 있다. 하나는 윤리적 측 면으로, 사랑은 자기를 주는 것이어야 한다는 점이다. 우리는 희생적 사랑을 통해서만 이 세상에서 잘 살아갈 수 가 있다.

신약성경 기자들은 애정을 가리키는 꽤 일반적인 그리스어 단어였던 '아가페'에 새롭고 독특한 의미를 부여했다. 성경학자 존 스토트(John Stott)에 따르면, 성경에서 "아가페 사랑은 다른 사람들을 섬기는 자기 희생을 뜻한다."[8]

요한일서 3장 16-18절은 이렇게 말한다. "그리스도께서 우리를 위하여 자기 목숨을 버리셨습니다. 이것으로 우리가 사랑을 알게 되었습니다. 그러므로 우리도 형제자매를 위하여 목숨을 버리는 것이 마땅합니다(새번역)." 요한은 "이것으로 우리가 사랑을 알게 되었"다고 말하면서, 십자가 이후로 영영 사랑은 자기를 내어 줌으로 정의된다고 주장한다. "미움의 본질이 살인인 것처럼 … 사랑의 본질은 자기희생이다. … 살인은 다른 사람의 목숨을 빼앗는 일이고, 자기희생은 자기 목숨을 내놓는 일이다."[9]

많은 이들이 이런 사랑의 정의에 거부감을 느낀다. 이런 정의는 사람이 학대받거나 착취당하는 관계에 머물게 만든다고 불평한다. 하지만 그것은 사랑의 전체 정의를 잊은 처사이다. 존 스토트가 말한 대로 자기희생은 언제나 '다른 사람들을 섬기는' 것이다. 누군가가 나를 착취하거나 내게 죄를 짓도록 허용하는 것은 상대를 사랑하는 일이 결코 아니다. 그것은 상대의 잘못된 행동을 굳어지게 만들고, 두 사람 모두를 파멸로 이끌 수 있다. '자기를 내어 준다'는 미명 아래 심리적으로 아주 나쁜 여러 이유로 협박과 이용을 당하는 이들이 분명히 있다. 사실 그것은 이기적인 처사이고, 자신이 상대보다 우월하거나 꼭 필요한 존재라고 느낄 수 있는 방법이다. 자기를 내어 주는 사랑이 학대나 억압으로 이어질 수밖에 없다는 말은 이것을 완전히 오해한 데서 나온 것이다.

서구 문화와 기독교의 가장 큰 차이점 하나가 바로 여기에 있다. 서구 사회는 사랑을 기본적으로 자기실현을 위한 거래로 정의한다. 시장에 근거한 정의다. 두 사람 모두에게 이익이 되는 한도 안에서 사랑의 관계에 머문다는 것이다. 하지만 이 접근법은 광범위한 폐해를 낳았다.

자녀 양육에 관한 어느 책은 수많은 현대인들이 자녀를 적게 갖거나 아예 갖지 않는 이유를 이렇게 설명한다. 우리는 "배우자를 자유롭게 고르거나 바꾸고 … 직업도 자유롭게 고르거나 바꾼다. 그러나 자녀들은 결코 고르거나 바꿀 수가 없다. 다른 어떤 영구적 헌신도 요구하지 않는 문화에서 아이들은 구속력 있는 마지막 의무다."[10]

우리의 개인주의적 사회에서는 결혼마저도 두 당
사자가 혜택과 이익을 얻는 한에서만 존재하는 소비자적
관계로 바뀌었다. 그 관계가 한쪽의 희생을 요구하는 순
간, 즉 받는 것보다 주는 것이 많아지는 순간, 얼마든지
폐기될 수 있다고 사회는 말한다. 하지만 자녀 양육은 이
런 현대적 태도에 완강하게 저항한다. 그것은 여전히 대
속적 희생을 요구한다. 부모는 사랑하는 마음에서, 자녀
에게 생명을 주는 방식으로 자발적으로 고통을 감수한
다. 그렇게 하지 않으면 자녀는 평생 본의 아니게 고통을
당하게 될 것이다.

현대의 견해가 제 기능을 못하는 또 다른 분야는 화
해의 영역이다. 용서할 능력과 의지 없이는 어떤 사회도
유지될 수 없다. 과거의 잘못에 대한 피의 복수와 보복
이 끊어지지 않으면 문명 사회는 무너지고 만다. 하지만
불만을 제쳐놓고 협력할 수 있으려면 꼭 있어야 하는 마
음의 습관을 우리 문화는 더 이상 우리 안에 만들어 내지
못한다.

2006년, 총을 든 한 사람이 아미쉬(Amish) 공동체의 학교 건물에 들어가 여섯 살에서 열세 살 사이의 소녀 열 명을 인질로 잡았다. 그는 그중 여덟 명에게 총을 쏘아 다섯 명을 죽게 하고 자살했다. 그런데 아미쉬 공동체는 아이들의 살인자를 용서한다고 발표함으로써 미국 사회를 깜짝 놀라게 했다. 그들은 살인범의 장례식에 참석해 충격에 빠진 가족을 돕겠다는 의사를 밝혔다. 딸을 잃은 아미쉬 가족도 총을 쏜 사람과 그 가족을 용서했다. 많은 이들이 그들의 행동에 감탄했지만, 이 사건을 연구한 사회학자들은 현대 미국 사회는 더 이상 이와 같이 반응하는 사람들을 배출할 수 없다고 썼다.

미국은 이제 자기 표현을 하고 자신의 권리를 내세우라고 모든 사람에게 격려하는 자기 주장의 사회이다. 그와 달리, 아미쉬 기독교 공동체는 예수님의 자기희생을 본받아 자기 포기의 문화를 만들어 냈고 다른 사람들을 섬기기 위해 권리를 포기했다.[11] 우리 사회는 자기를 내어 줌과 희생적 사랑의 이상을 상실했기 때문에, 그 구성원들에게 사회 속 인간의 삶을 위한 이런 기본적 요건을 갖추게 하는 자원을 제공할 수가 없다.

요나 희생의 두 번째 측면은 신학적인 면이다. 우리는 그리스도의 희생적 사랑을 통해서만 영원히 구원받을 수 있다.

문학, 연극, 영화에서 대속적 희생은 언제나 작품에서 눈을 뗄 수 없게 하는 가장 감동적인 전환점이 된다. 영화 〈라스트 모히칸〉(The Last of the Mohicans)에서 영국군 소령 던컨 헤이워드(Duncan Heyward)는 자신을 사로잡은 인디언들에게 자신이 불길 속에서 죽으면 나다나엘(Nathaniel)과 그가 사랑하는 코라(Cora)가 풀려날 수 있겠느냐고 묻는다. 던컨이 끌려가면서 "경의를 표하네! 그녀를 데리고 나가게!"라고 외칠 때, 우리는 다른 이들을 구하기 위해 기꺼이 목숨을 내놓는 그의 불굴의 정신에 큰 감동을 받는다. 다른 이들 중 한 명 나다나엘은 그의 연적이었기 때문이다. 던컨은 마치 십자가에 달린 듯 양팔이 묶이고 몸을 쭉 뻗은 채 죽는다.

어니스트 고든(Ernest Gordon)은 제 2차 세계대전 중 일본군의 전쟁 포로가 되었다. 당시를 다룬 회고록에서 그는 강제 노동의 하루가 끝나고 간수들이 삽의 숫자를 헤아렸는데 하나가 없어진 일을 회상했다. 격분한 한 간수는 범인이 실토하지 않으면 영국군 전쟁 포로를 다 죽이겠다고 협박했다. 그는 총의 공이를 당겼고 당장이라도 포로들을 하나하나 쏠 기세였다. 바로 그 순간, 한 포로가 차분하게 앞으로 나와서 말했다. "내가 그랬습니다." 그는 말없이 차렷 자세로 서 있었고 맞아 죽을 때까지 "입을 열지 않았다"(사 53:7). 그들이 수용소로 돌아가 다시 삽의 개수를 세었다. 삽은 빠짐없이 거기에 있었다. 그 사람은 모두의 목숨을 구하기 위해 자신을 희생했던 것이다.[12]

해리 포터(Harry Potter) 소설 1권에서 악당 볼드모트 (Voldemort)경은 해리를 만지면 화상을 입는다. 나중에 덤블도어(Dumbledore)가 그것을 해리에게 설명해 준다. "네 어머니가 널 구하기 위해 죽으셨지. … [그처럼] 강력한 사랑은 … 흔적을 남긴단다. … 그렇게 깊은 사랑은 … 우리를 영원히 보호해 준단다."[13]

이 이야기들이 왜 우리에게 감동을 줄까? 평범한 삶

의 구석부터 가장 극적인 순간까지, 삶을 변화시키는 모든 사랑은 대속적 희생이라는 것을 알기 때문이다. 우리 삶에 정말 변화를 일으키는 일을 한 사람은 우리 대신에 희생을 했거나 개입하여 뭔가를 주었거나 지불했거나 짊어져서 우리가 그럴 필요가 없게 했다.

오늘날 많은 사람들은 대속적 속죄 교리를 거부한다. 그들은 그 교리가 진노에 차서 용서하기를 꺼리는 하나님에게서 억지로 용서를 끌어내는 사랑의 예수님을 묘사한다고 생각한다. 어떤 이들은 이것을 '신적 아동학대'(divine child abuse)라고 불렀다. 그러나 그것은 예수님을 모욕하는 주장이다. 그런 주장은 예수님을 실제보다 못한 존재로 강등시키고, 성경과 기독교의 핵심 교리 중 하나, 즉 한분 하나님이 성부, 성자, 성령의 삼위로 존재하신다는 것을 부정한다. 삼위는 세 하나님이 아니라 한 하나님이다. 그래서 '예수'라는 이름은 "하나님이 구원하신다"는 뜻이고, 그분의 이름 '임마누엘'(마 1:21-23)은 "하나님이 우리와 함께하심"을 뜻한다.

바울은 "하나님께서 그리스도 안에 계시사 세상을

자기와 화목하게 하시며 그들의 죄를 그들에게 돌리지 아니하"(고후 5:19)셨다고 말한다. 그리스도가 지상에 계실 때도 자신이 아버지 안에 거하고 아버지는 자신 안에 거하신다고 말씀하셨다(요 14:11, 17:21-23). 바울은 신성의 모든 충만이 그리스도 안에 거하신다고 덧붙인다(골 2:9).

십자가에서 벌어진 일은 하나님이 오셔서 친히 우리를 대신하신 것이었다. "의롭고 사랑 많으신 성부께서 자신을 낮추어 그분의 독생자 안에서 독생자를 통해 우리를 위한 육신, 죄, 저주가 되셨으니, 이것은 그분의 성품을 손상시키지 않고 우리를 구원하시기 위함이었다."[14] 오래된 어느 이탈리아 교회에는 십자가 처형 그림이 걸려 있다. 그런데 십자가 위에서 손발을 뻗은 그리스도의 뒤편에 '거대하고 어슴푸레한 모습'의 하나님이 있다. "예수님의 손을 꿰뚫는 못이 하나님의 손을 뚫고 들어간다. 예수님의 옆구리를 찌른 창이 하나님을 뚫고 들어간다."[15] 이 그림은 성경에 충실한 진리를 보여 준다. 바울은 하나님이 우리를 '자기 피로'(행 20:28) 사셨다고 말할 수 있었다. 예수님의 피는 하나님의 피다.

그리고 이것이 대속적 속죄가 불의해 보인다는 반론에 대한 답이다. 존 스토트는 이렇게 썼다.

> 속죄의 성경적 복음은 친히 우리를 대신하심으로써 자신을 만족시키시는 하나님에 대한 이야기다. 그렇다면 대속 개념은 죄와 구원 모두의 핵심이라고 말할 수 있겠다. 죄의 본질은 인간이 하나님의 자리를 대신하는 것인 반면, 구원의 본질은 하나님이 친히 인간을 대신하시는 것이기 때문이다. 인간은 하나님에게 맞서 자기를 주장하고 하나님만 계실 자격이 있는 곳에 자신을 놓는다. 하나님은 인간을 위해 자신을 희생하시고 인간만 있어야 마땅한 자리에 자신을 두신다. 인간은 하나님께만 속한 특권을 주장하고, 하나님은 인간에게만 해당하는 형벌을 받으신다.[16]

우리를 대신해 고통, 불의, 죽음을 겪으시는 하나님이야말로 우리의 예배를 받기에 합당하신 하나님이다. 고통과 압제가 있는 세상에서 우리가 어떻게 그 모두로부터 자유로운 분에게 최고의 충성을 바칠 수 있겠는가? 이분은 폭풍이 무엇인지 아시는 하나님이다. 친히 세상에 들어오셨고 최악의 고통과 고난 한복판에 뛰어드신 분이기 때문이다. 그분이 친히 우리를 대신하셨기에 우리가 생명을 누릴 수 있다. 예수님이 우리를 위해 하신 일을 파악하고 그분이 우리를 위해 값 주고 사신 구원 안에서 안식하는 정도만큼, 딱 그만큼 대속적 희생과 사랑의 이 원형이 우리의 관계에서도 재현될 것이다. 그리고 우리는 세상이 간절히 필요로 하는 그런 사람이 될 것이다.

내가 여호와를 생각하였더니
내 기도가 주께 이르렀사오며…
구원은 여호와께 속하였나이다

11.

<u>하나님의 세계를 향하여</u>

모른 척하고 싶은 세상을 향해
정의를 선포하다

요나서의 주된 관심사 중 하나는 신자들이 이웃을 존중하고 사랑해야 하며, 민족과 종교가 다른 이웃도 예외가 아니라는 것이다. 선장은 요나가 공동선, 공공선을 위해 아무것도 하지 않는다고 꾸짖는다. 폭풍이 배를 덮치는 동안 요나는 예수님의 유명한 선한 사마리아인 비유(눅 10:25-37)의 가르침과 모든 면에서 다르게 행동한다.

누가 나의 이웃인가(욘 1:5-6)

한 사마리아인은 노상 강도가 들끓는 인적 없고 위험한 장소를 지나다가 강도의 습격을 받아 가진 것을 다 빼앗기고 상처를 입은 채 길가에 버려져 죽어가던 유대인을 만난다. 유대인들과 사마리아인들은 원수지간이었지만 선한 사마리아인은 부상당한 유대인을 구해 준다. 더 나아가 그는 보살핌을 받고 건강을 회복할 수 있는 곳으로 유대인을 데려가는데, 그 일에 필요한 비용을 모두 자비로 계산했다. 성경은 요나를 나쁜 본보기, 선한 사마리아인을 좋은 본보기로 삼아 신자의 사회 관계에 관한 몇 가지 질문에 답한다.

누가 내 이웃인가? 예수님은 원수를 돕는 사람을 묘사하시고 "가서 너도 이와 같이 하라"라고 말씀하신다. 민족, 종교, 가치관, 문화와 관계없이 어려움에 처한 사람은 누구나 우리의 이웃이라는 강한 메시지다.

내 이웃을 어떤 존재로 보아야 하는가? 예수님은 유대인들이 민족적 외부인이자 신학적 이단으로 여겼던 사마리아 사람[1]을 이야기의 주인공으로 삼으심으로써 하나님이 모든 사람, 모든 민족과 계급에 도덕적 선, 지혜, 사랑의 선물을 주실 수 있고 실제로 주신다는 메시지를 전달하신다.

"내 이웃을 사랑한다"라는 것은 무슨 뜻인가? 이 질문에 답하시면서 예수님은 가장 실제적인 신체적, 물질적, 경제적 필요를 채워 주는 사람을 그려내신다. 이것은 신앙이나 민족과 관계없이 사람이라면 누구나 가지는 필요다. 이런 필요들을 채워 주는 일이 공공선이고, 그것을 추구하는 사마리아인의 행동에는 아낌이 없다. 어느 주석가는 그것을 이렇게 요약한다.

> 그는 여리고 길에서 멈춰 위험천만한 일인 줄 알면서도
> 낯선 사람을 돕는다. 가진 물건과 돈을 거저 내놓고, 보
> 상을 받기 위한 조치는 전혀 하지 않는다. 그는 다친 낯
> 선 사람이 보살핌을 받게 하려고 여관으로 들어가는데,
> 여관 자체가 위험이 도사린 곳이다. 그는 심지어 여관 주
> 인과 제약이 없는 금전계약까지 맺는데, 이런 계약에서
> 는 부당청구가 이루어질 가능성이 아주 높다.[2]

선한 사마리아인이 다른 종교를 믿는 다른 민족 사
람을 돕기 위해 감수한 희생은 일반적인 것이 아니었지
만, 예수님은 우리에게 "가서 너도 이와 같이 하라"라고
말씀하신다.

예수님의 비유 이면에는 성경의 핵심 진리 중 하나,
즉 모든 인간은 하나님의 형상과 모양을 따라 창조되었
다(창 1:26-27)는 가르침이 놓여 있다. 하나님의 형상을 구
성하는 구체적인 특성들이 무엇인지를 놓고 많은 논쟁이

있었지만, 이 형상이 모든 인간을 가치 있고 귀한 존재로 만든다는 사실은 분명하다. 이 가르침이 분명히 함의하는 바는 우리가 그 누구도 공격하거나 착취해서는 안 되며 누구에게도 폭력을 써서는 안 된다(참고, 창 9:6)는 것이다. 성경은 모든 사람이 하나님의 형상을 갖고 있기 때문에 우리가 누구도 저주하거나 함부로 대해서는 안 된다고 말한다(약 3:9).[3]

흔히 편협한 독단론자로 여겨지는 장 칼뱅은 그리스도인이 모든 이웃을 어떻게 보아야 하는지 논하면서 기존의 평판과는 다른 모습을 보여 준다. 그는 '이마고 데이'(하나님의 형상)의 교리에서 주목할 만한 함의를 이끌어 낸다. 칼뱅은 많은 그리스도인에게 들었던 질문을 되풀이한다. 외국인은 도움을 받을 자격이 없고 이웃의 많은 사람들은 부도덕하고 불경건한데, 왜 그리스도인들은 굳이 힘들게 이들의 필요를 채워 주어야 한단 말인가? 이 질문에 칼뱅은 그 자체로 놓고 보면 경멸할 것밖에 남지 않은 이들을 주님처럼 대접해야 하는 이유는 그들에게 주님의 형상이 찍혀 있어서라고 대답한다.

"당신은 [당신 앞에 있는 낯선 사람에 대해] 그를 섬겨야 할 어떤 의무도 없다고 말할 수 있다. 그러나 하나님은 말하자면 그를 그분의 자리에 두셨다. 그것은 당신이 하나님께 바쳐야 할 크고 많은 보답을 그에게 돌려야 한다는 것을 인식하게 하시기 위함이다. … 당신은 이렇게 말할 것이다. '그는 그런 대접을 받을 만한 사람이 아닙니다.' 하지만 여기서 우리는 그가 아니라 주님이 받으셔야 마땅한 것을 생각해야 한다. … 사람들의 악한 의도에 주목하지 말고 그들 안에 있는 하나님의 형상을 보아야 한다는 것을 명심하라. 그 형상은 그들의 범죄를 무효화하고 말소하며 아름다움과 고귀함으로 우리를 사로잡아 그들을 사랑하고 포용하게 만든다."[4]

모든 사람을 '주님께서 받으셔야 마땅한 대로' 대하라는 칼뱅의 촉구는 몇 가지 숨 막히는 실제적 함의를 갖는다. 그는 그 함의를 설명한다. "[그리스도인] 각각은 자신을 … 이웃에게 빚진 자로 여기고, 그들에게 친절을 베풀 때는 다른 어떤 한계도 두지 말고 가진 것이 다할 때까지 베풀어야 한다."[5]

이 모든 것은 우리에게 실제적으로 어떤 의미가 있을까? 교회를 세우는 일은 대단히 중요하지만, 그리스도인들이 자신의 역할을 그것으로 제한해서는 안 된다는 것이다. 그들은 이웃과 시민으로서 공공생활과 공공선을 위해서도 희생적으로 일해야 한다.[6] 공공선이 무엇일까? 가장 기본적인 의미에서 그것은 일부 개인, 집단, 계급만 선택적으로 이롭게 하는 것이 아니라 인간 공동체 전체에 이익을 주는 것들을 가리킨다. 다음과 같은 사례를 들 수 있겠다.

- 범죄나 건강 위험요인에서 벗어난 안전한 환경
- 일자리 부족과 빈곤이 없는 경제적 번영, 인간다운 일터
- 개인, 종족, 집단, 국가 간의 폭력에서 벗어난 평화로운 상태
- 힘없고 가난한 사람들을 옥죄는 부패한 사법 제도를 극복한 정의로운 사회 질서
- 좋은 교육 기관, 의료 시설, 공원, 오락 시설 같은 공적

자원들

- 다양한 민족, 문화, 도덕적 틀을 가진 사람들이 서로 존중하며 어울릴 수 있는 사회적 조화와 예의

- 노인, 만성질환자, 한부모와 고아, 이민자, 가난한 사람들과 약자들을 돌보는 데 열심을 내는 공동체

- 부유하고 힘센 사람들뿐 아니라 모든 시민을 대표하여 일하는 정부

그리스도인들과 정치의
바른 관계

요나는 자신이 경멸하는 도시의 영적 유익을 추구하기보다는 하나님을 피해 달아났다. 그는 이스라엘의 국가안보 사안과 정치적 정서적으로 거리를 두는 데 실패했다. 우리는 같은 실수를 저지르지 말아야 한다. 그렇지만 위에서 제시한 목록을 빠르게 살펴보고, 그리스도인이 정치에 참여하지 않으면 공동선 또는 공공선을 위해 일하는 것이 불가능할 거라고 말하는 이들이 있을 것

이다. 그것은 사실이고, 여기에는 신중한 균형 잡기가 필
요하다.

첫째, 정치를 초월하여 단순히 복음만 전할 수 있다
고 생각해서는 안 된다. 모든 정치적 토론과 참여를 피하
는 그리스도인들은 본질적으로 사회의 현재 상태를 지지
하는 쪽에 투표하는 것과 같다. 어떤 인간 사회도 하나님
의 정의와 의로움을 완전하게 반영하지 않기 때문에, 소
위 정치와 무관한 그리스도인들은 하나님이 싫어하시는
많은 일들을 지지하고 있는 것이다. 그러니 정치적이 되
지 않으려는 선택이야말로 정치적인 것이다.

19세기 초에 '정치적이 되지 않으려고' 노예제에 대
해 목소리를 내지 않았던 미국 교회들은 실제로는 침묵
함으로써 노예제라는 당시의 상태를 지지했다. 성경에는
정치에 관여하고 이방 정부에서 중요한 직책을 맡은 개
인들이 나온다. 요셉과 다니엘을 생각해 보라.[7]

각각의 그리스도인은 이웃을 사랑하는 방법으로 정
치에 참여할 수 있고 그래야 마땅하다. 가난한 동네에서
공립학교를 개선하거나 인종차별을 중단시키기 위해서

213

는 정치 참여가 필요하다. 그리스도인들은 정치에 참여해 왔고 앞으로도 계속 그렇게 해야 한다. 그러나 개별 그리스도인들은 정치에 참여해야 마땅하지만, 교회 자체를 일련의 공공정책과 동일시하거나 하나의 정당을 유일한 기독교 정당으로 여겨서는 안 된다.[8] 왜 그럴까? 이유는 많다.

그것이 해로운 한 가지 이유는 복음을 듣는 사람들이 그리스도인으로 회심하려면 예수님을 믿어야 할 뿐 아니라 [특정] 정당의 지지자도 되어야 할 것 같은 인상을 강하게 주기 때문이다.[9] 이것은 많은 회의론자들이 종교에 대해 가진 믿음, 즉 종교는 진정한 영적 진리와의 만남이 아니라 또 하나의 선거구이자 몰표 집단이고, 다른 이들에 대한 권력을 얻는 또 하나의 방법에 불과하다는 그들의 생각을 확증해 준다.

기독교 신앙을 특정 정당과 연계하지 말아야 할 또 다른 이유는 대부분의 정치적 입장이 성경적 원칙이 아니라 실천적 지혜의 문제라는 데 있다. 이것은 교회가 사회적 경제적 정치적 현실에 대해 발언할 수 없다는 의미가 아니다. 성경은 분명히 발언하고 있기 때문이다. 우리가 보았다시피, 인종차별은 죄이고, "네 이웃을 사랑하라"라는 두 번째 계명을 위반한다. 가난한 자들을 일으키고 압제받는 자들의 권리를 옹호하라는 성경의 말씀은 신자들에게 선택 사항이 아니라 도덕적 명령이다. 이런 도덕적 요구 사항을 보란 듯이 위반하는 행태에 대해서는 분명하게 반대의사를 밝히는 것이 중요하다.[10]

하지만 특정한 그리스도인 집단이 이 도덕적 이상을 구체적인 사회 안에서 정확히 어떻게 추구하는 것이 최선일지 결정하는 순간, 그들은 흔히 성경의 원리를 넘어 지혜와 분별의 영역으로 들어서게 된다.[11] 가난한 사람들을 돕는 최선의 방법은 정부를 축소하고 사적 자본 시장에 자원 배분을 맡기는 것일까, 아니면 정부를 확대하여 국가가 주도권을 갖게 하는 것일까?

성경에서 완전한 자유방임 자본주의나 공산주의를 요구하는 분명한 명령을 찾으려는 시도는 설득력을 갖지 못한다.[12] 최고의 사회정책들은 이 양극단 사이 어딘가에 있지만, 성경은 모든 시간, 장소, 문화에 딱 들어맞는 그

지점을 정해 주지 않는다.

모든 면에서 대단히 보수적인 미시시피 출신 남자의 이야기를 들은 적이 있다. 그는 보수적 공화당 지지자였고, 아주 전통적인 장로교인이기도 했다. 그는 미국 장로교인들의 고향인 스코틀랜드를 오래전부터 방문하고 싶어 했다. 그리고 마침내 스코틀랜드 하일랜드 지방 어느 마을의 작은 장로교회에서 봉사자로 한 달 간 섬길 계획을 세웠다. 교회와 교인들은 예상대로 보수적이었다. 그들은 더없이 엄격하게 안식일을 지켰다. 주일에는 다들 텔레비전도 틀지 않았다.

그런데 어느 날 그가 존경하는 스코틀랜드 기독교우 몇 명과 대화를 나누어 보니 놀랍게도 그들 모두가 (그가 볼 때는) 사회주의자들이었다. 조세 구조와 정부의 경제 정책에 대한 그들의 생각이 대단히 좌파적이었던 것이다. 그는 믿을 수가 없었다. 신학적으로 보수적인 사람은 모든 사안에서도 정치적으로 보수적일 거라고 확고하게 믿었기 때문이다. 그들과 오랜 시간 대화를 나눈 끝에 그는 정부의 역할에 대한 그들의 생각이 기독교적 신념에 근거한 것임을 알게 되었다. 미국으로 돌아온 그는 떠나기 전보다 정치적으로 더 진보적이 되지는 않았지만 본인의 말에 따르면 "겸허해지고 많이 배웠다." 그는 하나님의 부르심에 순종하려고 노력하는 사려 깊은 그리스도인들이 다양한 정당을 지지하고 아주 다양한 정치적 입장 중 하나를 정당하게 선택할 수 있다는 것을 깨달았다.

그리스도인들이, 특히 오늘날의 교회가 특정 정당과 연계하는 것을 허용할 수 없는 또 다른 이유가 있는데, 바로 '윤리적 일괄 거래'(ethical package deals)의 문제다. 현대의 많은 정당은 당원들이 모든 사안에서 적절한 입장을 고수해야 한다고 주장한다. 모든 공식 입장을 전부 받아들이지 않으면서 한 가지 사안에 대해서만 입장을 같이 할 수는 없다는 것이다.[13]

일괄거래를 이렇게 강조하는 분위기는 정치에서 그리스도인들에게 압력으로 작용한다. 가령, 그리스도인들은 성경과 초대교회의 가르침에 따라 인종적 정의와 가난한 사람들에게 헌신하고, 성관계는 결혼 안에서만 합당하다는 입장에도 헌신한다.[14] 앞의 견해는 진보적으로 보이고, 뒤의 견해는 억압적이라 할 만큼 보수적인 것으로 보인다. 사회 문제에 대한 그리스도인들의 입장은 현대의 정치적 지형에 들어맞지 않는다.

　　그 결과, 그리스도인들은 주로 두 가지 선택지 중 하나로 몰린다. 첫 번째는 포기하고 물러나 정치와 거리를 두는 것이다. 두 번째는 눈 한 번 질끈 감고, 동화되고, 한 정당의 입장 전부를 받아들여서라도 무대에 들어서는 것이다. 정당들은 기독교회와 단체, 지도자들에게 권력, 지지, 특혜, 보호를 당당히 누리게 해 주겠다고 제안할 것이다. 특정 정당의 정치적 의제를 송두리째 지지하고 그리스도인들이 반대해야 마땅한 문제들을 외면하면 권력, 지지, 특혜, 보호를 누릴 수 있을 것이다. 여기에는 심각한 영적 위험이 놓여 있다.[15]

　　둘 중 어느 선택지도 타당하지 않다. 선한 사마리아인 비유에서 예수님은 이웃을 향한 도움의 손길을 거두는 일이 없어야 한다고 말씀하신다. 그리고 권력과 특혜 대신 모종의 배제와 심지어 박해(마 5:10)를 겪는다 해도, 우리는 누군가 우리의 "선한 일을 보고 … 하나님께 영광을 돌리게"(벧전 2:11-12) 될 거라고 확신할 수 있다. 주님 안에서 하는 수고는 결코 헛되지 않다(고전 15:58). 사실, 우리가 불쾌감만 주거나 매력적이기만 하다면, 제대로 살고 있지 않은 거라고 확신할 수 있다.

복음은 우리의 신념을 거부하고 우리 자신도 거부하는 사람들을 사랑할 능력과 자원을 우리에게 준다. 하나님이 어떻게 우리의 마음을 얻으셨는지 생각해 보라. 힘을 얻음으로써가 아니라 찾아오시고 약해지시고 우리를 섬김으로가 아니었는가? 하나님이 우리를 어떻게 구원하셨는가? 그분은 손에 칼을 들고 오신 것이 아니라 양손에 못 박힌 채로 오셨다. 그분은 심판을 내리러 오신 것이 아니라 심판을 감당하러 오셨다. 그렇기 때문에 찬송가는 이렇게 노래한다.

> 요란하게 부딪치는 칼이나
> 신 나게 울리는 북이 아니라
> 사랑과 긍휼의 행위로
> 하늘나라가 임한다.[16]

선한 사마리아인은 그의 입장에서는 위험할 뿐 아니라 자기 공동체에 많은 고통을 안겨 준 유대 민족의 일원인 낯선 사람을 목숨을 걸고 희생적으로 사랑했다. 사마리아인은 유대인에게 분노를 쏟아내어야 마땅했지만 오히려 희생적이고 실천적 사랑을 베풀었고, 신체적 물질적 필요를 채워 주었다.

이 부분에서 선한 사마리아인 비유는 우리에게 '위대한 사마리아인'이신 예수 그리스도를 가리켜 보인다. 그분은 우리를 거부하셔야 마땅했다. 예수님은 우리 인류가 그분을 죽이리라는 것을 정말로 아셨다. 그분은 우리를 위해 목숨을 거셨을 뿐 아니라 내어놓으셨다. 우리가 살게 하시고자 우리를 위해 죽으셨다. 우리가 예수님을 우리의 선한 사마리아인으로 보기 전까지는 우리 이웃을 결코 희생적으로 사랑하지 못할 것이다.

그리스도인은

타인과 어떻게 관계해야 하는가(욘 1:7-10)

요나는 이교도 뱃사람들에게 자기소개를 할 때 자기의 민족적 정체성을 앞세운다. 이것은 요나서가 나중에 온전히 드러낼 사실, 즉 요나가 민족적 '타자들'에게 베푸시는 하나님의 긍휼에 분개한다는 사실을 짐작하게 하는 첫 번째 단서다. 요나에게 민족과 국가는 단지 사랑하고 좋은 것 정도가 아니라 우상이 되어 버렸다. 이런 상황에서는 자신과 다른 사람들을 배제하게 된다. 거부하고 폄하하고 피하거나 분리한다. 아니면 우리와 똑같이 믿고 행동하라고 요구하여 강제로 동화시키려 한다.[17]

문화적 배제는 거의 보편적 현상 같다. 우리의 현대적, 다원주의적 사회에서도 사람들이 지배적인 가치 기준을 따르지 않으면 부끄러움을 당하고 처벌을 받는다. 우리는 관용에 대해 늘 말하지만, 다른 사람들에게는 우리의 특성과 신념을 받아들이라고 요구한다. 그들은 우리와 다른 점을 드러내선 안 되고, 그렇지 않으면 상종 못할 존재로 취급을 받는다. 우리는 흔히 모두의 '차이를 존중'해야 한다고 - 모든 사람이 자기 자신이 되게 하라고 - 주장하지만, 우리가 애지중지하는 신념에서 벗어나는 사람을 보면 철저히 무례하게 대한다. 우리보다 진보적인 사람들은 사회정의의 투사라고 냉소하고, 우리보다 보수적인 사람들은 증오에 찬 고집불통이라고 업신여긴다.

부족중심주의는 생존기제였기에 인간은 다른 이들을 악마화하는 데서 자신의 중요성과 안전을 확보하도록 타고났다고 주장하는 이들이 많다.[18] 한 작가는 인간 정체성의 "가장 곤혹스러운 측면 중 하나"가 "어떤 '우리'를 형성하기 위해서는 '그들'을 빠뜨리거나 배제해야 한다"는 점이라고, 그래서 우리의 정체성은 불가피하게 우리가 배제하는 사람들에게 의존한다고 썼다.[19] 우리는 사람들의 다른 정체성 요소들 - 민족, 계급, 종교, 관점 - 을 비난하고 나무라고 경멸함으로써만 자신에 대해 기분 좋게 느낄 수 있다. 배제는 우리가 "무죄하고 힘이 있다는 망상"을 갖게 한다.[20] 배제는 불가피한 것처럼 보인다.

어떤 이들은 완전히 포용하는 이상 사회를 요구한다. 그들은 우리에게 모든 시각을 받아들이고 모든 종류의 사람을 똑같이 인정하라고 촉구한다. 누구도 다른 누구에게 무엇이 진정으로 옳고 그른지 말할 수 없으니 모든 관점을 품어야 한다고 주장한다. 하지만 절대적 포용을 실천하려면 언제나 새로운 형태의 배제로 이어진다. 예컨대 이렇게 말한다고 해 보자. "좋은 사람도 나쁜 사람도 없어." 하지만 이제 좋은 사람과 나쁜 사람이 있다고 생각하는 사람들은 나쁜 사람들이 된다. 소위 모든 '이분법'을 거부하는 순간 새로운 이분법이 만들어진다. 또한, 완전한 포용의 망상을 고집하는 이들은 흔히 악하거나 불의한 행동을 악하고 불의하다고 부르고 규탄할 능력이 없음을 드러낸다.[21]

그러므로 완전한 포용은 결국 실행 불가능하다. 모든 사람은 궁극적으로 모종의 절대적 가치를 믿는다. 이 사실을 깨닫고 나면, 다음과 같은 새로운 질문이 떠오른다. 우리와 전혀 다른 사람들을 가장 온전히 포용하도록 우리를 이끌어 줄 도덕적 절대 가치는 무엇일까?

모든 관점을 완전히 인정하는 한쪽 극단과 사람들을 '타자'로 배제하는 반대쪽 극단 사이에 무엇인가가 존재할까? 그렇다, 존재한다. 예수님은 이렇게 말씀하셨다. "그러나 나는 너희에게 말한다. 너희 원수를 사랑하고, 너희를 박해하는 사람을 위하여 기도하여라. … 또 너희가 너희 형제자매들에게만 인사를 하면서 지내면, 남보다 나을 것이 무엇이냐? 이방 사람들도 그만큼은 하지 않느냐?"(마 5:44, 47절, 새번역).

　　예수님은 제자들에게 사람들이 '타자'와 관계하는 통상의 방식과 완전히 다른 삶을 살아야 한다고 말씀하신다. 예수님은 모든 사람에게 '인사를 하라'고 말씀하시는데, 당시 사람들은 '샬롬'이라는 말로 인사를 했다. 누군가의 샬롬 - 온전한 번영, 건강, 행복 - 을 빈다는 것은 곧 그들이 잘되기를 원하는 것이었다. 예수님은 어떤 사람들은 참으로 적대자요, 심지어 박해자라고 인정하신다. 그분은 모두가 똑같이 옳고 선하다고 말씀하시지 않지만, 인간으로서 갖는 그들의 필요는 그들의 신념과 무관하게 똑같이 중요하다고 분명히 주장하신다. 예수님은 제자들에게 그들과 다른 사람들을 향해 마음을 열고 관심과 감정과 삶에서 그들을 위한 공간을 마련할 임무를 맡기신다.

앞에서 보았다시피, 많은 이들은 이것이 불가능하다고, 우리의 정체성은 우리가 열등하게 여기는 집단과 사람들에 대한 우월감에 철저히 근거한다고 주장할 것이다. 그러나 그리스도인이라는 정체성을 내세우는 사람들은 그렇게 생각해선 안 된다.

통상적으로 인간의 정체성과 자존감은 자신의 성취에서 나온다. 우리는 성공한 전문직업인이라는 사실을 자랑스러워하고, 많은 업적을 이루어 낸 민족의 일원임을 자랑스러워한다. 우리는 개인이든 집단이든 그들이 성취한 것에 찬사를 퍼부음으로써 그들에 대한 자긍심을 쌓는다. 그러나 그런 정체성은 본질적으로 허약하고 불안하다. 끊임없이 인정해 주고 떠받쳐 주어야 한다. 대부분의 종교적 정체성도 그와 같다. 우리는 이렇게 말할 것이다. "나는 열심히 기도하고 교리를 공부하고 선하게 살았다. 그래서 나는 하나님을 안다고 말할 수 있을 것 같다."

하지만 그리스도인의 정체성은 성취하는 것이 아니라 주어지는 것이다. C. S. 루이스(Lewis)의 〈나니아 연대기〉《The Chronicles of Narnia》의 한 등장인물은 아슬란(Aslan)을 아느냐는 질문을 받는다. 아슬란은 나니아 시리즈에서 그리스도와 같은 캐릭터로 나오는 사자이다. 그는 이렇게 대답한다. "글쎄…. 하지만 그분은 날 알아."[22]

이것은 바울이 갈라디아 교인들에게 한 말과 같다. "이제는 여러분이 하나님을 알 뿐 아니라 오히려 하나님께서 아시는 사람이 됐습니다"(갈 4:9, 우리말성경). 성경에서 누군가를 안다는 것은 그에 대해 아는 것뿐 아니라 인격적 관계를 맺는다는 뜻임을 명심하라. 우리를 그리스도인이 되게 하는 것은 늘 불완전할 수밖에 없는 하나님을 향한 우리의 사랑이 아니라, 우리를 향한 하나님의 사랑이다. 자신의 노력과 성취 - 그것이 예수님을 향한 사랑이라 해도 - 를 자기 정체성의 근거로 삼으면 그 정체성은 불안하고 허약할 수밖에 없다. 우리가 충분히 선했는지 툭하면 의심하고, 한 주를 잘 살았어도 다음 주에는 나빠질지 모른다고 두려워하게 된다.

하지만 우리가 그리스도를 믿으면 하나님이 우리의 공로가 아니라 그리스도가 하신 일을 토대로 우리를 온전히 받아주시고 용납해 주신다(고후 5:21). 우리는 하나님의 가족으로 입양되고(요 1:12-13) 하나님의 사랑을 받는다. 그 사랑은 고용주나 군주의 조건적 호의가 아니라 부모의 무조건적 사랑이다. 이런 사랑을 받으면 우리의 자존감은 완전히 새로운 기초 위에 놓이게 된다. 우리는 바울과 더불어 우리 자체로는 '무가치'하지만 "내가 나 된 것은 하나님의 은혜로 된 것"(고전 15:10)이라고 말할 수 있다.

우리가 사랑받는다는 안정과 확신이 우리의 실적에 달려 있지 않기 때문에, 우리는 요나가 할 수 없었던 것, 즉 우리 마음을 들여다보고 자신의 결점을 파악하고 인정할 수 있는 심리적 자유(롬 7:21-25)를 얻는다. 자신의 죄악됨에 대한 인식이 높아져도, 그리스도인은 큰 확신을 가질 수 있다. 바울은 그리스도인들이 자신이 힘이나 자신이 이룬 것이 아니라 그리스도 안에서 하나님이 나를 어떻게 바라보시는가를 '자랑한다' - 그것에서 용기를 얻는다 - 고 말한다(고전 1:31, 갈 6:14, 빌 3:3). 그리스도 안에서 우리가 누군지 이렇듯 새롭게 이해하면 다른 사람들과 관계하는 방식이 달라진다.

그리스도인들은 여전히 같은 직업, 같은 가족, 같은 인종적 민족적 배경을 갖고 있지만, 이제는 그리스도 안에 있는 하나님의 사랑이 우리 자존감의 가장 근본적인 원천이 된다. 이때 우리의 다른 정체성 요소들이 재배치되는데, 지워지거나 제거되지는 않는다. 그래서 바울은 그리스도 안에는 "유대 사람도 그리스 사람도 없다"(갈 3:28, 새번역)고 말하면서도 유대인이었던 자신의 독특한 문화적 관습과 본을 여전히 수용했다(행 21:24-26).

중국인이나 유럽인이 그리스도인이 된다고 해서 중국인이나 유럽인이 아니게 되는 것이 아니다. 이제는 민족과 국적이 과거처럼 그 사람을 온전히 규정하지 않는다는 것이다. 그리스도인이라는 것이 우선이고, 중국인 또는 유럽인이라는 것은 그 다음이다. 그리스도인이 되면 어느 정도 거리를 두고 자신을 객관적으로 보게 되므로 자신의 근본적 자존감을 자기 문화에 온전히 의지하는 많은 이들보다 자기 문화의 좋은 점과 나쁜 점을 더 분명히 볼 수 있다.

그리스도인들은 결코 먼저 아시아 사람이나 미국 사

람, 러시아 사람이나 투치족이고 그 다음에야 그리스도인일 수 없다. … 그들이 복음의 부름에 반응할 때, 한 발은 자신의 문화 바깥에 놓고 나머지 발은 그 안에 확고히 딛고 선다. [기독교는] 자신의 원 문화로부터 달아나는 것이 아니라 그리스도께서 주신 평화와 기쁨의 새 비전 때문에 그 문화 안에서 새로운 방식으로 살아가는 것이다.[23]

몇 년 전 남아프리카의 가난한 흑인 거주 지역에서 열린 교회 모임에 참석했을 때, 나는 이것을 직접 경험하게 되었다. 거기서 나는 작은 교회의 지도자들 및 교인들과 함께 시간을 보냈다. 그 교회의 기둥 역할을 하는 사람들 중에는 홀로 아이를 키우며 여러 해에 걸쳐 엄청난 궁핍, 압제, 고난과 싸웠던 여성이 있었다. 그녀의 믿음은 그 모든 일을 헤쳐 나가도록 도움을 준 데서 그치지 않았다. 그녀는 그 모두를 넉넉히 이겼다. 삶의 어려움들에도 불구하고 원망하거나 냉소적이거나 완고하거나 나약하거나 의존적이 되지 않았다. 그녀는 하나님에 대한 확신과 다른 이들에 대한 희생적 사랑으로 가득한 빛나는 그리스도인이었다.

나는 대도시에 있는 대형 교회 목사였지만 기도와 예수님에 대한 믿음에 있어서 그녀가 나보다 나은 사람임을 알아볼 수 있었다. 내가 그리스도인이 아니었다면, 백인 미국 남성으로서 그저 그녀를 불쌍히 여겼을 것이다. 그녀는 새로운 단체나 운동을 시작한 것이 아니었다. 대단한 정치 지도자도 아니었다. 그녀는 내가 가장 귀하게 여겼을 만한 특성들을 하나도 갖고 있지 않았다. 하지만 이제 나는 일차적으로 그리스도인이고 그 다음에야 백인 미국인이다. 나는 그리스도 안에 있는 공통의 유대로 인해 은혜로 구원받은 죄인이라는 점에서 나와 동등하고 많은 중요한 면에서는 나보다 뛰어난 자매임을 알아볼 수 있었다. 그래서 전혀 새로운 방식으로 그녀의 말에 귀를 기울일 수 있었다. 그 경험은 파생효과를 가져왔다. 나는 새로운 깨달음을 갖고 다른 소외된 사람들을 바라보기 시작했다.

초기 그리스도인들은 정체성에 관한 이런 독특한 측면으로 로마 세계를 깜짝 놀라게 했다. 그 이전까지 사람의 종교와 신앙은 국가적 정체성의 확장에 불과했다.

어떤 민족이냐가 어떤 신을 섬기느냐를 결정했다. 민족이 우선이고 종교는 민족의 한 가지 표현방식일 뿐이었다. 그런데 그리스도인들은 자신들의 하나님이 온 세계의 하나님이시고 어느 민족 사람이나 그리스도인이 될 수 있으며 따라서 믿음이 민족보다 더 중요하다고 말했다.[24] 초기 기독교회는 유례없는 다민족 조직이었다. 교회들은 그리스도를 믿기 전에는 결코 어울리지 않았을 사람들을 한데 모았다.

이것은 요나가 요나서 이야기의 시간대 안에서 결코 배우지 못했던 교훈이다. 요나서의 마지막 장면에서 하나님은 바로 이것을 깨달으라고 촉구하신다. 하지만 우리가 다른 민족과 문화 사람들을 타자화한다면 요나보다 더 할 말이 없을 것이다.

J. R. R. 톨킨(Tolkien)의 《반지의 제왕》(The Lord of the Rings)에서 주요 인물로 등장하는 난쟁이 김리(Gimli)는 그의 종족이 그렇듯 요정(Elves)을 불신하고 혐오한다. 톨킨의 이야기에서 요정과 난쟁이들은 과거 수 세기 동안 다투었다. 그런데 김리는 로리엔(Lórien) 땅으로 가서 요정

여왕 갈라드리엘(Galadriel) 앞에 선다. 그때 그는 비참하고
슬픈 상태였다. 요정 여왕은 난쟁이들이 다른 종족에게
가르쳐 주지 않는 난쟁이만의 비밀 언어로 김리에게 격
려의 말을 전한다. 김리는 자신에 대한 그녀의 지식과 너
그러운 태도에 놀란다.

　　난쟁이 김리는 자기 종족의 고대어로 울리는 이름
들을 듣고 고개를 들어 그녀의 눈을 보았다. 그는 일순간
원수의 마음속을 들여다보고 거기서 사랑과 이해를 발견
한 것 같았다. 그의 얼굴에 경이감이 번졌고 그는 미소로
응답했다.

　　김리는 어색하게 일어나 난쟁이 방식으로 인사를
하고 이렇게 말했다. "하지만 로리엔 땅은 더 아름답습니
다. 그리고 레이디 갈라드리엘은 땅 속 모든 보물보다 더
귀한 분입니다!"[25]

　　이 만남 이후 요정 족 전체에 대한 김리의 태도는
점점 달라진다. 그는 또 다른 요정인 레골라스(Legolas)와
가장 가까운 친구가 된다. 그가 원수라고 생각했던 타자
가 그를 사랑으로 받아주었을 때, 그 일은 그를 변화시키

고 자신과 많이 다른 타자들을 받아들일 수 있게 했다.

예수님은 산상설교에서 원수를 사랑하고 우리와 다른 이들에게 문안하라고 가르치셨다. 이는 본인은 실천하지 않은 일을 명령하신 게 아니다. 그분은 우리와 다른 존재, '근본 하나님의 본체'(빌 2:6)셨다. 하나님이신 그분의 거룩한 존전에서 모세와 이사야는 겁을 먹었고(출 3:1-14, 사 6:1-9), 그분의 영광을 보면 누구도 살아남을 수 없었다(출 33:20). 하지만 온전히 타자이신 예수님이 우리와 같이 되셨다. "그분은 본래 하나님의 본체셨으나 하나님과 동등됨을 기득권으로 여기지 않으시고 오히려 자신을 비워 종의 형체를 가져 사람의 모양이 되셨습니다. 그리고 그분은 자신을 낮춰 죽기까지 순종하셨으니, 곧 십자가에 달려 죽으신 것입니다"(빌 2:6-8, 우리말성경).

여기서 우리는 자신과 너무나 다른 이들을 타자로 배제하지 않고 사랑하고 받아들인 본을 본다. 예수님은 우리를 배제할 분명한 권리를 가지셨지만 그렇게 하지 않으셨다. 그분은 우리를 사랑하시고 환영하시고 자신과 화해시키셨다. 그러면서도 우리를 두루뭉술하게 인정해 주는 것이 아니라 근본적인 회개로 부르셨다. 그분은 우리가 환영받을 자격이 있는 것처럼 품어 주신 것이 아니고, 우리 죄에 합당하게 우리를 배제하고 거부하시지도 않았다. 우리 죗값을 치르신 예수님의 자발적 희생의 죽음은 우리 죄와 변화의 필요성을 깨닫게 하는 동시에, 우리의 결점을 아시고도 베푸시는 그분의 사랑과 용서를 확신하게 해 준다.[26]

여기, 우리와 다른 사람들을 어떻게 대해야 하는지 보여 주는 본이 있다. 여기, 그 일을 위한 능력이 있다. 더 많은 그리스도인을 잡아 감옥에 가두고 처형하기 위해 다메섹으로 가던 바울에게 예수님이 나타나셔서 그가 그리스도인들을 박해한 것은 그분을 박해한 것이라고 말씀하셨다(행 9:5). 바울은 그리스도의 원수였다. 하지만 그리스도께서는 그를 용서하셨고 그의 신체와 영혼의 눈먼 상태를 치유하셨다. 바울은 자신을 원수로 대했어야 마땅한 분을 만났으나 그분에게서 사랑을 발견했다. '타자'로 생각했던 존재가 나를 타자로 대하지 않고 나를 위해 사랑으로 자신을 내어 준다면, 내가 어떻게 다른 사람을 원수로 대할 수 있겠는가? 그 사랑 앞에서는, 자신의 자존감을 보호하고 정당화하도록 내모는 두려움과 불안감이 다 사라질 것이다.

2004년, 네덜란드의 영화제작자 테오 반 고흐(Theo van Gogh)가 한 무슬림 과격분자에게 살해당했다. 그가 죽은 후 네덜란드의 교회들과 모스크들이 보복성 공격을 당했고 한 이슬람 학교는 폭탄테러를 당했다. 분노에 찬 폭력들이 터져 나오면서 평화로운 열린 사회로 자부하던 네덜란드가 흔들렸다.[27] 이 일촉즉발의 순간에 네덜란드의 개신교 목사 키스 시브란디(Kees Sybrandi)가 과격한 일을 했다. 시브란디는 아주 보수적이고 전통적인 네덜란드인 이었고, 가난한 중동 이민자들이 들어오면서 많은 빈곤과 범죄가 생겨난 지역에 살았다.[28] 그런데 그 주에 시브란디는 "동네에 있는 모스크로 걸어갔다. 그는 모스크의 문을 단호하게 노크하고는 공격이 중단될 때까지 매일 밤 모스크 밖에서 보초를 서겠다고 선언했다. 그의 말에 모스크 안에 모여 있던 무슬림들은 깜짝 놀랐다. 이후 시브란디 목사는 며칠 몇 주에 걸쳐 지역 내 다른 교회들의 동참을 요청했고 그들이 합류하여 그 지역 곳곳의 모스크들을 에워싸고 석 달 넘게 지켰다."[29]

시브란디는 왜 그런 일을 했을까? 한 인터뷰어가 그것을 알아내려 시도했다. 그런 변화를 일으킬 만한 어떤 경험이 있었던 걸까? 아니었다. 시브란디 목사는 "무슬림과 과거에 우정이든 대화든 나눈 적이 없다고 했다." 그럼 세속적 진보적 가치관이 그의 마음을 누그러뜨린 걸까? 아니었다. "차이를 기뻐하라는 다문화적 호소는 그의 마음에 그다지 와 닿지 않았다." 그러면 무엇이 그의 타고난 전통주의와 기질적 보수주의를 극복하게 했을까? "그는 그저 이렇게 대답했다. '예수님입니다. 예수님이 제게 이웃을 사랑하라고 명하셨습니다. [심지어] 원수까지 사랑하라고 하셨지요.'"[30]

그런데 예수님은 무엇을 근거로 그런 일을 명하셨을까? 그리스도는 우리가 은혜를 받았으니 다른 이들에게도 은혜를 베풀어야 한다고 말씀하신다. 예수님은 무자비한 종의 비유에서, 자신이 하나님의 과분한 자비에 온전히 기대어 사는 존재임을 아는 그리스도인들은 다른 모든

236

사람을, 심지어 원수로 여기는 이들까지도 너그럽게 대하고 용서하고 환영해야 한다고 말씀하신다(마 18:21-35).

정의를 행하고 진노를 선포할 사명을 주시다(욘 3:1-10)

요나의 니느웨 사명에는 우리를 위한 실제적 교훈이 가득하다. 먼저, 선교에 관한 교훈이 있다.

고향을 떠나 하나님의 말씀을 전하라는 요나의 부르심은 구약성경에서 전례 없는 일이었지만, 이것은 예수님이 모든 신자에게 내리신 명령이다(마 28:18-20). 우리 모두가 설교자나 선지자, 선교사로 부름 받은 것은 아니지만, 모든 신자는 가라는 명령을 받는다. 이것은 예수님의 좋은 소식을 다른 이들과 나누기 위해 안전과 안정에서 기꺼이 떠나는 것을 의미한다. 그러기 위해서 물리적 사회적 자리를 떠나야 할 수도 있고 그렇지 않을 수도 있지만, 위험과 취약성은 언제나 감수해야 한다.

선교는 영적 엘리트나 여유가 있는 사람, 말재주가

좋은 사람, 외향적인 사람이나 신학 훈련을 받은 사람의 전유물이 아니다. 하나님께 속하는 모든 사람의 몫이다. 하나님은 본래 보내시는 분이기 때문이다. 그분은 우리를 부르시고 복 주시고 반드시 내보내어 다른 이들에게도 복이 되게 하신다.

이런 과정의 첫 번째 멋진 본보기가 바로 모든 믿는 자들의 아버지 아브라함이다. 하나님이 오셔서 그에게 말씀하셨다. "너는 너의 고향과 친척과 아버지의 집을 떠나 내가 네게 보여 줄 땅으로 가라. 내가 너로 큰 민족을 이루고 네게 복을 주어 … 너는 복이 될지라. … 땅의 모든 족속이 너로 말미암아 복을 얻을 것이라"(창 12:1-3).

하나님은 아브라함을 불러 친숙한 문화("너의 친척")와 그의 개인적 정서적 안정의 기반("아버지의 집")을 떠나라고 하셨다. 그는 의미와 안정을 얻기 위해 의지했던 모든 것을 버리라는 부르심을 받은 것이다. 그의 생애는 이렇게 요약할 수 있다.

"가라." 어디로요? "나중에 말해 주마. 그냥 가라." (창세기

12장)

"네게 아들을 주겠다." 어떻게요? "나중에 말해 주마. 그
냥 믿어라." (창세기 15장)

"산에서 네 아들을 바쳐라." 왜요? "나중에 말해 주마. 그
냥 올라가라."(창세기 22장)

아브라함은 특별한 조상이고 요나는 히브리 선지
자였으니 그들이 받은 사명, 불확실하고 불안정한 상태
로 들어가라는 부르심은 우리 모두를 위한 것이 아니라
고 대답할 수 있다. 하지만 히브리서 11장 8-10절(우리말성
경)은 하나님의 부르심을 받고 안정된 자리를 떠나는 아
브라함의 태도를 모든 신자들의 본으로 제시한다. 8절에
따르면 하나님이 아브라함을 불러 가라고 하셨을 때 "믿
음으로 아브라함은 순종해 나아갔다. 그런데 그는 어디
로 가는지 알지 못하고 나아갔다." 그는 왜 그렇게 했을
까? 10절에 답이 있다. "이것은 그가 하나님이 친히 설계
하시고 건축하신 견고한 터 위에 세워진 도시를 고대했
기 때문"이다. 하나님의 나라만이 영구적인 '터'를 갖고

있다. 하나님의 승인, 하나님의 보호, 하나님의 영원한 유산만이 영구적이다. 그러니까 우리가 바보같이 느껴지더라도 누군가에게 우리 신앙에 대해 말하고, 특정한 단체나 사역의 필요를 해결하려면 희생적 재정 지원이 필요하다는 생각에 그 일을 한다면, 우리는 안정된 자리에서 벗어나 하나님이 모든 믿는 자에게 주신 동일한 부름에 응답하고 있는 것이다. 아브라함과 요나가 받은 부르심은 우리를 위한 표본이다.

두 번째로, 도시에 관한 교훈이 있다. 요나는 도시 선교라고 부를 만한 일에 착수했다. 그는 당대의 세계 최대 도시 중 한 곳으로 갔다. 하나님은 요나가 니느웨에 깊은 관심을 가져야 한다고 말씀하시면서 그 도시가 중요한 이유로 인구통계를 제시하시고 사람을 가리키는 '아담'이라는 용어를 사용하신다. "십이만 명의 사람." 하나님은 이렇게 말씀하시는 것 같다. "나는 사람들에게 관심이 있는데, 그토록 많은 사람이 모여 있는 곳이면 내 관심이 얼마나 크겠느냐?"

이 단순한 논리는 강력하다. 도시를 좋아하지 않는

사람이 많지만, 우리가 사람들에게 관심이 있고 사람의 가장 중요한 필요가 하나님과 화해하는 것이라고 믿는다면, 어떤 식으로든 도시 선교 사역에 관심을 갖고 그 사역을 지지해야 한다. 더욱이, 하나님이 영적 필요의 지표로 단순 인구수를 제시하셨다면 오늘날의 우리는 그것을 더욱 진지하게 받아들여야 할 것이다.

19세기 초만 해도 세계 인구의 5퍼센트만이 도시에서 살았다. 하지만 1900년에는 그 비율이 14퍼센트로 증가했다. 오늘날 그 수치는 50퍼센트를 넘었고 2050년에는 80퍼센트에 육박할 것으로 전망된다.[31] 1950년에 중국 선전(Shenzhen) 시의 인구는 3148명, 콩고의 킨샤사(Kinshasa)(당시 지명은 레오폴드빌)는 20만 명이었다. 2025년 무렵에는 두 도시의 인구가 각각 1천 2백만 명과 1천 6백만 명에 이를 것으로 국제연합은 예측한다. 같은 기간에 남미의 도시 인구 비율은 40퍼센트가 못되다가 80퍼센트를 넘어설 것으로 보인다.[32] 서구에서는 도시의 성장 속도가 이보다 훨씬 느리다. 하지만 대부분의 도시 중심지는 성장하고 있고 청년들과 새로운 이민자들을 끌어 모으고 있으며 대체로 다른 지역보다 더 세속적이고 기독교 복음 전도를 잘 받아들이지 않는다.

도시 인구의 증가는 '인류 역사상 최대 규모의 인구 이동'이고, 두 명의 국제 관찰자가 지적한 대로 "남반구의 대도시 및 커져가는 도시들에 있는 그리스도인들, 그곳에서의 복음증거와 선교에 할당된 기독교적 자원의 비율은 터무니없이 부족하다."[33] 물론 하나님은 그리스도인과 교회를 불러 사람들이 있는 모든 곳에 가서 살라고 하시지만, 세상 사람들은 교회보다 훨씬 더 빠른 속도로 도시로 옮겨가고 있다.[34] 이 상황은 하나님이 요나에게 건네신 마지막 질문인 "내가 이 큰 도시 니느웨에 관심을 가져야 하지 않겠느냐?"에 특별한 울림을 준다.[35]

오늘날 신자들이 도시를 싫어하는 이유 중 하나는 종종 도시에서 기독교에 크게 반대하는 일들이 일어나서다. 도시가 정통 신앙의 온상인 경우는 드물고, 도시로 나간 많은 젊은 그리스도인들이 신앙을 잃는다. 그리스도인들이 불신의 중심지에서 물러나야 한다고 생각하는 이들도 있다.

요나는 자기 민족에게 위협이 되는 도시를 긍휼히 여기라는 부르심을 받았다(요 4:11). 몇 년 후, 하나님은 신자들에게 그들 나라에 폭력을 행사했던 이방 도시의 공공선을 추구하라고 동일하게 명령하셨다(렘 29:4-7). 바벨론 제국은 예루살렘을 침공하여 약탈하고 많은 예루살렘 사람들을 포로로 잡아갔다. 바벨론 사람들의 전략은 유대인들을 문화적으로 동화시켜서 신앙, 문화, 세계관을 잃게 만들려는 것이었다.[36]

하나냐 같은 선지자(렘 28:1-17)들은 이런 전략에 맞서고자 유대인들에게 도시 바깥에 머물라고 촉구했다. 이것은 일종의 부족주의로서, 도시를 경멸하고 증오하고 경제를 꾸리는 데 필요한 정도만큼만 도시와 관계를 맺자는 것이었다. 아이러니하게도, 동화와 부족주의 모두 극도로 이기적이다. 도시에 대한 사랑은 없다. 두 경우 모두 부, 지위, 권력을 쌓기 위해 도시를 이용할 뿐이다.

하나님은 그분의 백성에 대해 동화와 부족주의를 다 거부하신다. 뒤섞이는 것도 물러나는 것도 모두 금하신다. 그리고 이렇게 말씀하신다.

나 만군의 주, 이스라엘의 하나님이 말한다. 내가 예루살 렘에서 바빌로니아로 잡혀 가게 한 모든 포로에게 말한 다. "너희는 그 곳에 집을 짓고 정착하여라. 과수원도 만 들고 그 열매도 따 먹어라. 너희는 장가를 들어서 아들 딸을 낳고, 너희 아들들도 장가를 보내고 너희 딸들도 시 집을 보내어, 그들도 아들딸을 낳도록 하여라. 너희가 그 곳에서 번성하여, 줄어들지 않게 하여라. 또 너희는, 내 가 사로잡혀 가게 한 그 성읍이 평안을 누리도록 노력하 고, 그 성읍이 번영하도록 나 주에게 기도하여라. 그 성 읍이 평안해야, 너희도 평안할 것이기 때문이다"(렘 29:4- 7, 새번역).

이 말씀은 분명 듣는 이들에게 엄청난 충격으로 다 가왔을 것이다. 바벨론의 지도자들 중 일부는 손에 유대 인 동포들의 피를 묻혔던 사람들이었다. 우상과 거짓 신 들이 그 도시를 가득 채웠다. 하지만 하나님은 대담하게 도 그들에게 그 도시에 깊이 관여하고 그곳의 평화와 번 영을 추구하되, 그러면서도 그들의 신념과 하나님에 대한 신실함은 타협하지 말라고 하셨다. 이에 비하면 물러나거나 동화되는 것이 더 쉽다. 신앙과 실천을 타협하지 않고 공공선을 추구하는 것이 훨씬 더 어렵다. 하지만 하나님은 그분의 백성에게 그렇게 하라고 말씀하신다.

자기가 사는 도시의 공공선을 추구하는 나그네라는 이 모델은 신약 교회에 주어진 것이기도 하다. 베드로와 야고보 둘 다 그리스도인들을 "나그네"(약 1:1, 벧전 1:1)라고 부른다. 베드로가 사용한 단어 '파라피데모스'는 '거주 외국인'을 뜻한다. 파라피데모이는 한 나라의 시민이면서 다른 나라에 눌러 사는 사람들이었다. 그리스도인들은 "위에 있는 예루살렘"(갈 4:22-26. 빌 3:20 "우리의 시민권은 하늘에 있는지라", 참조)의 시민이지만, 우리가 사는 지상 도시의 평안을 위해서도 기도하고 노력해야 한다.

끝으로, 정의에 관한 교훈이 있다. 우리는 요나의 니느웨 설교가 회심이 아니라 (회심이 전혀 없었다고 확신할 수는 없지만) 사회 개혁을 낳았음을 보았다. 잔혹한 사회가 폭력에서 돌이키겠다고 약속했다(욘 3:8). 선지자가 이방 나라들에 전하는 통상적 메시지는 착취를 일삼는 사회

적 관행에 대한 비판과 정의를 행하라는 촉구로 이루어
졌다. '정의를 구하'고 '학대받는 자를 도와'주라는 성경의
메시지는 무엇을 의미할까(사 1:17)?

정의를 행하는 것은 모든 사람이 동등한 대우를 받
는 것을 추구한다는 뜻이다. 레위기 24장 22절은 신자들
에게 "외국 사람이나 본토 사람에게나 한 가지 법을 적용
해야 한다"(우리말성경)라고 말한다. 특정한 민족이나 국가
의 일원을 다른 이들보다 우대하거나, 이민자보다 시민
에게 특혜를 부여한다면, 그것은 불의를 부추기는 일이
다. 이 외에도 많은 성경 본문이 가난한 이들의 권리를
박탈하고 부유한 자들에게 유리하게 작동하는 사법체계
를 규탄한다(사 1:23-24, 참조).

정의를 행하는 것은 경제적 사회적으로 취약한 집
단에 특별한 관심을 갖는다는 뜻이다. 잠언 31장 8-9절
(쉬운성경)은 이렇게 말한다. "너는 스스로 자기 사정을 알
리지 못하는 자들을 살펴주고, 힘없는 자들을 대변하
여라. … 가난한 자와 궁핍한 자의 권리를 변호해 주어
라"(슥 7:9-10, 참조). 성경은 "부유하고 힘 있는 자들을 대변

하라"라고 말하지 않는다. 그들이 동등한 대우를 받을 자격이 없어서가 아니라, 이 대목에서 성경의 관심사는 힘없는 자들에게 힘을 나누어 주는 데 있기 때문이다.

끝으로, 정의를 행하는 것은 폭넓고 급진적인 너그러움을 뜻한다. 이사야 58장 6절(새번역)은 우리에게 "부당한 결박을 풀어 주는 것, … 압제받는 사람을 놓아 주는 것"을 요구하고, 그 다음 절은 그것을 "굶주린 사람에게 너의 먹거리를 나누어 주는 것, 떠도는 불쌍한 사람을 집에 맞아들이는 것"으로 정의한다. 욥은 자신의 삶을 회고하면서 자신은 순금을 신뢰하여 "너는 내 의뢰하는 바라"(욥 31:24) 하지 않았고, 가난한 이들과 떡과 의복, 기타 가진 것을 나누었다(16-19절)고 말한다. 가난한 이들과 나누지 않는 것은 불의한 일이다. 정의로운 너그러움의 결핍은 다른 형태로도 나타날 수 있다. 직원들을 착취하고 임금을 박하게 지불하는 것은 불의한 일이다(사 58:6-7). 우리가 가진 것은 무엇이든 하나님의 선물이고 그분이 맡기신 것에 불과하다(대상 29:12-14). 그러므로 우리가 가진 것을 덜 가진 이들과 나누지 않는 일, 음식, 안전한 거처,

건강, 교육 같은 기본적 인간의 필요를 해결해 주지 않는 일은 무정하게 행동하는 것 정도가 아니라 불의한 일이다.

욥기는 하나님이 정의뿐 아니라 하나님의 진노를 선포하고 회개를 촉구하는 일도 중요하게 여기심을 보여 준다. 그러면 실제로 어떻게 복음 전도와 정의의 실천을 결합시킬 수 있을까?

한 가지 모델은 이 두 가지를 '비행기의 양날개'로 보는 것이다. 하지만 날개 비유는 양자의 필요성을 전달하기는 하지만, 그 둘이 어떻게 서로에게 필수적이고 하나가 다른 하나를 이끌어 내는지 밝히지 않는다. 또 다른 모델은 가난한 이들을 돕는 것을 목적을 위한 수단으로만 여기는 것이다. 우리는 사람들이 그리스도께 나아오게 하려고 가진 것을 준다. 그러나 이것은 보답을 바라고 주어서는 안 된다(눅 6:32-35)는 예수님의 가르침과 맞지 않고, 믿는 바가 다른 이웃의 필요도 섬겨야 한다(눅 10:25-37)는 그분의 가르침과도 맞지 않는다. 세 번째 오류 모델은 정의를 행하는 것이 하나님의 좋은 소식을 전하기 위해 해야 할 전부라고 주장하는 것이다. 소외된 자들을 돕는 일이 곧 복음 전도인 것처럼 말이다. 정의를 우리가 시간이나 돈이 있을 때 챙길 수 있는 선택적 일로 대해서도 안 된다. 이 모든 아주 흔한 모델들은 성경의 균형 잡힌 가르침을 반영하지 못한다.

모든 사회적 문제들은 하나님을 멀리하는 것(창 3:1-17)에서 나오므로, 우리가 누군가를 위해 할 수 있는 가장 근본적인 사랑의 행위는 그나 그녀가 하나님과 화해하게 하는 것임을 깨달아야 한다. 하지만 회개를 선포하는 일은 정의의 실천을 반드시 동반해야 한다. 하나님과 새로운 관계를 맺게 되면 그 관계는 다른 모든 관계에도 영향을 미쳐야 한다.

구약성경의 선지자들은 우리가 종교적으로 행동하고 금식 하고 기도한다 해도 정의를 행하지 않으면 그 종교는 엉터리라고 꾸준히 선포했다(사 58:1-7). 이사야는 우리가 가난한 사람들을 보살피지 않으면(사 29:21), 입술로는 하나님을 공경하는 것처럼 보일지라도 마음은 하나님으로부터 먼 것이라고 말했다(사 29:13).

신약성경도 다르지 않다. 선지자들처럼 예수님도

길게 기도하지만 가난한 이들을 착취하는 사람들을 질타하신다(막 12:38-40). 요한일서 3장 17-18절, 야고보서 2장 14-17절은 누군가 예수님을 믿는다고 하면서 '헐벗고 일용할 양식이 없는' 사람을 보고도 '그 몸에 쓸 것'을 위해 아무것도 하지 않으면 그런 믿음은 '죽은' 것이라고 진술한다.

이 모든 성경 본문은 우리가 하나님과 살아 있는 관계를 누리고 하나님의 은혜를 경험했을 때 필연적으로 따라오는 표시가 가난한 이들에 대한 긍휼이라고 말하고 있다. 그것이 하나님의 호의와 용납을 이끌어 내는 것은 아니지만, 그분의 사랑을 경험했다는 확실한 징후다. 거저 주시는 하나님의 자비로운 은혜로만 우리가 영생을 얻는다는 것을 진정으로 아는 사람들은 대개 자비롭다.

그래서 회개를 선포하는 것이 근본적이지만, 정의의 실천이 그것과 분리할 수 없이 이어져야 하는 것이다. 정의를 행함과 심판을 선포함 - 그리하여 은혜를 권함 - 은 신학적 철학적으로만이 아니라 실제적으로도 함께 간다.

교회가 복음 전도를 하고 회심자들을 만들어 내는

것이 세상의 눈에는 교회가 자기 부족을 키워 머릿수를 늘리고 세력을 키우는 것으로 보일 뿐이다. 세상은 기독교를 믿는 사람이든 믿지 않는 사람이든 가리지 않고 이웃의 필요를 희생적으로 섬기는 우리의 모습을 봐야 한다. 그때 비로소 세상은 신자들을 움직이게 하는 동력이 힘을 쌓고 싶은 욕구가 아니라 사랑이라는 것을 인식하게 될 것이다.

기독교 신학에서 심판과 은혜의 하나님에 대한 믿음은 사회에서 정의를 행할 토대가 된다. 교회 바깥 사람들의 눈에는, 그리스도인들이 정의를 행할 때 복음에 대한 믿음이 설득력 있게 보인다. 이웃이 그리스도를 믿는 사람이든 아니든 그를 위해 정의를 행하는 것이 역설적이게도 이웃에게 기독교 신앙을 권하는 최고의 방법 중 하나이다. 예수님처럼 우리의 행동과 말에는 힘이 있어야 한다(눅 24:19).

이 둘은 철학적으로도 함께 간다. 세속적인 서구사회에는 도덕적 가치가 하나님이 주신 것이 아니라 사회적으로 구성된 것이라는 믿음이 널리 퍼져 있다. "다른 사람에게 무엇이 옳고 그른지 말할 권리는 누구에게도 없다"는 주장을 흔히 들을 수 있다.

모든 사람은 자신의 도덕적 가치를 결정한다는 것이 문화적 기정사실로 여겨진다. 그럼에도 불구하고, 동등한 권리, 모두를 위한 정의, 가난한 자들에 대한 돌봄을 지지할 의무가 모든 사람에게 있다는 믿음도 똑같이 강하게 퍼져 있다. 이것은 오늘날 우리 사회의 커다란 모순 중 하나이다. 우리 사회는 모든 도덕이 상대적이라고 주장하다가 불쑥 도덕적 행동을 요구한다. 누군가가 다음과 같이 묻는 무모함을 보여 준다면 어떻게 할 것인가? "내가 왜 멀리 떨어진 곳의 굶는 사람들을 위해 내 시간과 돈을 희생해야 하는가? 왜 나와 다른 민족, 신념이 다른 사람들을 포용해야 하는가? 왜 내가 이타적이어야 하는가?"

우리 문화가 내놓을 수 있는 답변은 둘 뿐인데, 둘 다 부적절하다. 첫 번째 답변은 그렇게 하는 것이 자신에게도 이익이 된다는 것이다. 많은 사상가들은 자기희생적 행동의 근거를 실용주의적 이기심에서 찾는 것이 어리석다고 지적했다. 다른 답변은 이런 도덕적 가치들이 자명한 진리라는 것인데, 세상의 많은 사람들에게는 도덕적 가치들이 자명하지 않다.

우리 모두 평등권과 정의에 헌신해야 한다는 믿음, 하지만 하나님이 주신 도덕적 절대가치는 없다는 믿음. 현대의 이 두 믿음은 서로를 약화시킨다. 현대 세속 교육은 스스로에게 충실해야 한다고, 자신의 가장 깊은 욕구와 꿈을 찾고 추구해야 한다고, 가족, 공동체, 전통, 종교가 그 길을 가로막게 허락해서는 안 된다고 아이들에게 가르친다. 그 다음에는 일종의 자기부인이 있어야 가능한 정의, 화해, 자비를 촉구하는데, 그러면서도 한편으로는 자기주장을 부추긴다. 현대 세속 교육은 상대주의를 가르치면서 사람들에게 윤리적이 되라고 한다. 자기본위로 살라고 하면서도 희생을 촉구한다. C. S. 루이스는 비슷한 사실을 지적한 바 있다.

우리는 스스로 불가능하게 만들고 있는 바로 그 특징들을 여전히 소리 높여 요구하고 있습니다. … 소름끼치리만큼 단순하게도 우리는 담당 기관들은 제거해 놓고선

그 기능만은 계속해서 요구하는 형국입니다. … 우리는
명예를 비웃으면서도 우리 중에 배신자가 생기면 충격을
받습니다. 우리는 생식력을 거세해 놓고선 다산(多産)을
기대하고 있습니다.[37]

그리스도인들은 이 부분에서 중요한 기여를 할 수
있다. 철학자 찰스 테일러(Charles Taylor)는 그의 책 《자아의
원천들》(*Sources of the Self: The Making of the Modern Identity*)에서 현
대 사회는 도덕과 관련하여 "가장 깊은 수준에서 일관성
이 없다"고 지적한다.[38] 우리 문화는 모든 사람에 대한 공
평한 자비, 모든 피압박 계층을 위한 사회정의, 세상 모든
곳의 빈곤, 질병, 고통의 감소를 요구하면서 "[그와 동시에]
그런 도덕적 가치가 자의적이고 주관적인 선호 이상의 것
이라는 점을 원칙적으로 부인한다."[39] 《자아의 원천들》의
한 서평가는 자신이 무신론자이며 테일러의 명제가 자신
을 아주 불편하게 만든다고 시인했다. 그는 이렇게 썼다.

꾸준한 덕은 … 자기희생을 요구하는 법이다. 자기희생

은 모종의 초월적 정당화나 동기부여를 요구하는 것 같은데, 그중에서도 가장 흔하고 어쩌면 가장 논리적인 정당화나 동기부여는 신의 존재에 대한 믿음에서 찾을 수 있을 것이다. 테일러는 신중하게 그렇게 주장하는 것 같다. 현대의 자유는 초월성의 거부를 수반하기에, 현대의 덕은 전적으로 우연적이다. 우리는 신 없이 오랫동안 선할 수 있을까? 테일러의 의심은 나를 두렵게 한다.[40]

물론 그리스도인들 역시 인권, 인간 존엄의 평등함, 보편적 자비, 가난한 이들의 이익에 도덕적으로 헌신한다. 이런 가치들은 세속적 현대 사회가 성경에서 들여온 것들이라는 사실이 널리 인정되고 있다. 그리스도인들은 '꾸준한 덕'과 자기희생을 실천할 자원을 갖고 있다. 그 자원은 신과 내세에 대한 일반적 믿음에서 나오는 것이 아니라 기독교 복음의 모든 특성, 즉 그리스도의 성육신, 십자가상에서 이루어진 그분의 대속적 죽음, 그리고 부활의 소망에서 나온다. 그리스도인들이 이런 자원을 더 활용하고 이웃을 더 사랑할수록 사회는 더 튼튼해질 것이다.

네가 박넝쿨로 말미암아 성내는 것이 어찌 옳으냐 하시니

하룻밤에 났다가 하룻밤에 말라 버린 이 박넝쿨을 아꼈거든

하물며 이 큰 성읍 니느웨를 내가 어찌 아끼지 아니하겠느냐

12.

하나님의 은혜를 향하여

은혜 앞에 항복한 자만이
하나님의 길을 간다

요나서의 메시지 중 하나는 누구라도, 심지어 성공한 선지자(또는 설교자)라도 은혜에 무지할 수 있다는 것이다. 요나가 두려움과 선입견에 사로잡히고 정서적으로 무너진 것은 모두 은혜의 실체에 눈뜨지 못한 탓이었다. 1장에서 그는 하나님을 피해 달아난다. 하나님의 은혜와 긍휼이 이해할 수 없는 수수께끼로만 보였기 때문이다. 2장의 물고기 배 속에서는 동일한 수수께끼를 가지고 씨름한다. 그는 은혜를 이해하는 데 있어서 돌파구가 열리고서야 풀려난다. 그제야 두려움 없는 설교자가 될 수 있었다. 하나님의 주된 목적은 요나가 은혜를 이해하게 만드는 것이고, 요나서의 주된 목적은 우리가 은혜를 이해하게 만드는 것이다.

은혜를 이해한 자만이
그리스도인이 된다(욘 2:1-10)

요나가 하나님의 은혜라는 수수께끼를 이해하지 못했다면, 우리도 그럴 가능성이 분명히 있다. 하나님의 깊은 은혜에 무지하다는 것이 우리가 가진 심각한 문제들의 원인이다. 깊고 깊은 하나님의 은혜를 이해하기 전까지는 우리도 요나처럼 신자에게 가능하고 합당한 모습과는 거리가 먼, 이름뿐인 신자에 그칠 것이다. 기독교와 다른 모든 종교를 구별 짓는 것은 바로 하나님의 은혜의 교리다. 이것은 기독교의 중심 메시지, '복음'이다. "이 복음이 이미 너희에게 이르매 너희가 듣고 참으로 하나님의 은혜를 깨달은 날부터 너희 중에서와 같이 또한 온 천하에서도 열매를 맺어 자라는도다"(골 1:6).

하나님의 은혜를 이해해야만 우리는 도덕적인 사람이나 종교적인 사람이나 호감이 가는 사람에 그치지 않고 그리스도인이 된다. 이 진리를 파악하면 전율에 휩싸이게 된다. 마르틴 루터가 이 진리를 마침내 깨달았을 때, 불안과 죄책감에 시달리던 신학 교수는 혼자서 온 세상과 대결할 준비를 갖춘 사자가 되었다.

믿음은 하나님의 은혜에 대한 담대하고 살아 있는 신뢰요, 하나님의 은총을 굳게 신뢰하기에 천 번이라도 죽음을 무릅쓰게 할 만한 확신이다. 하나님의 은혜에 대한 이런 확신과 지식이 있는 사람은 하나님 및 모든 피조물과의 관계에서 행복하고 즐겁고 담대하게 된다. 성령이 믿음을 통해 그런 일이 벌어지게 하신다. 그 때문에 우리는 아낌없이 기꺼이 즐겁게 누구에게나 선을 행하고, 모든 사람을 섬기고, 온갖 것을 감수하고, 그 은혜를 보여 주신 하나님을 사랑하며 찬양한다.[1]

하나님의 은혜를 이해하면 꿋꿋이 버틸 힘이 생겨난다. 디트리히 본회퍼(Dietrich Bonhoeffer)는 그토록 많은 독일 교회가 기꺼이 히틀러를 받아들인 이유를 이해하려 노력하는 와중에 '값싼 은혜'를 문제로 지목했다.[2] 그들은 하나님이 죄에도 불구하고 자신들을 사랑하신다고 믿었다. 그런데 그 믿음은 어떻게 사는지는 궁극적으로 중요하지 않다는 태도로 이어졌다. 당시에 히틀러에게 맞서는 것은 위험한 일이었을 것이다. 그래서 많은 이들이 이렇게 생각했다. "음, 이것이 비겁하고 잘못된 일일 수도 있어. 하지만 하나님이 넘어가 주실 거야. 하나님은 우리가 죄인인데도 우리를 용납하시잖아."

18세기의 작가 하인리히 하이네(Heinrich Heine)는 임종의 순간에 이렇게 말한 것으로 알려져 있다. "하나님은 나를 용서하실 거네. 그것이 그분의 일이거든."[3] 우리가 이 말을 믿는다면, 즉 하나님이 우리를 그냥 용서하시고 어깨를 한 번 으쓱하는 것으로 죄를 넘기신다고 믿는다면, 하나님이 죄를 가벼이 보시니 나도 그렇게 하자는 결론을 내리게 될 것이다. 하지만 우리의 구원을 위해 예수님이 천국의 영광을 버리시고 지상에서 생명을 버리시고 그로 인해 상상도 못할 고통을 겪으셨음을 알면, 그 은혜가 얼마나 값비싼 것인지 깨닫게 될 것이다(빌 2:1-11).

예수님이 우리를 구원하기 위해 어떤 희생을 감수하셨는지 보지 못하면, 어떤 희생을 감수하더라도 기꺼이 그분에게 순종하고 그분을 섬기지 못할 것이다. 패커는 이렇게 적고 있다.

하나님 은혜의 교리가 도덕적 방종을 조장한다고 생각하는 이들은 … 더없이 문자적 의미에서 자신들이 무슨 말을 하는지 모른다는 것을 드러낼 따름이다. 사랑은 그 반응으로 사랑을 깨우고, 그렇게 깨어난 사랑은 상대에게 기쁨을 주려고 하기 때문이다.[4]

그런데 무엇이 하나님을 기쁘게 하는가? 우리가 인간적 지혜, 힘, 부를 자랑하는 것과 거기에서 우리 정체성을 구하려는 시도를 중단하고 너그럽고 정의로우며 올바른 삶을 살기 시작할 때 하나님이 기뻐하신다. "나는 이런 것을 기뻐한다. 이것은 나 여호와의 말이다"(렘 9:23-24, 현대인의성경).

하나님의 은혜를 제대로 이해하면 우리의 짐이 벗겨진다. 종교인들은 종종 비신자에게 회심을 권유하면서 일련의 새로운 행동 방식을 받아들이고 새로운 의식들을 실천하고 덕스럽게 살기 위한 노력을 배가하라고 촉구한다. 하지만 그것은 사람들에게 더 많은 짐을 지우는 일이다. 바리새인들이 바로 그런 방식으로 '지기 힘든 무거운 짐'을 사람들에게 지웠기에(마 23:4, 새번역) 많은 이들이 그 무게에 짓눌려 주저앉았다. 다른 모든 종교는 스스로의 구원을 확보하는 짐을 지게 하지만, 하나님은 그분의 아들을 통해 과분한 구원을 허락하신다(사 46:1-4 참조). 복음은 변화된 삶으로 이어지기 마련이지만, 그 변화가 사람을 구원하는 것은 아니다.

1730년대에 존(John)과 찰스 웨슬리(Charles Wesley) 형제와 함께한 한 무리의 젊은이들은 하나님을 알고 섬기고자 애썼다. 그들은 마르틴 루터의 갈라디아서 주석을 소리 내어 읽기 시작했다. 어느 날 저녁, 그중 한 사람인 윌리엄 홀랜드(William Holland)가 은혜를 경험했고 나중에 이렇게 적었다.

찰스 웨슬리가 서문을 큰 소리로 읽었다. "그럼, 우리는 아무 할 일이 없는 것인가? 없다! 그분을 영접하는 일 외에는 아무것도 없다. 우리가 할 일은 하나님으로부터 나와서 우리에게 지혜와 의로움과 거룩함과 구원이 되신 그분을 영접하는 것뿐이다." 이 대목을 듣는데 말로는 제대로 표현할 수 없는 강력한 힘이 내게 밀려왔다. 나를 누르던 큰 짐이 순식간에 벗겨졌고, 내 마음은 평화와 사

263

랑으로 가득 차서 불쑥 눈물이 터져 나왔다. 그 순간 나는 우리 구세주를 거의 본 것만 같았다! 나의 동료들은 내가 깊은 감동을 받은 것을 보고 무릎을 꿇고 기도했다. 이후 거리로 나갔을 때 내가 밟는 땅이 잘 느껴지지 않았다.[5]

찰스 웨슬리도 루터의 저작을 통해 비슷한 체험을 했다. 그리고 그에 대해 다음과 같이 썼다.

오래 갇혀 있던 내 영혼
죄와 본성의 밤에 단단히 묶여 있었네.
주의 눈이 소생시키는 빛을 비추시니
나 깨어났네. 지하 감옥이 빛으로 환해졌네.
쇠사슬이 끊어지고 내 마음 자유 얻었네.
나 일어나 나가 주를 따랐네.[6]

은혜는 말하자면 우리 삶의 배경 음악이다. 그 음악이 우리 마음에 자주 흥얼거리는 노래가 되면 그 노래가 우리를 변화시킨다(엡 5:19-20).

하나님은 어떻게 그토록 자비롭고 오래 참으시고 은혜로우실 수 있을까? 해답의 실마리는 요나의 기도에 있다. 그 기도에서 요나는 이렇게 외친다.

> 내가 스올의 배 속에서 외쳤더니, 주님이 나의 목소리를 들어주셨습니다. 주님이 나를 바다 한가운데, 깊은 곳으로 던지셨으므로 … 주님의 파도와 큰 물결이 내 위에 넘쳤습니다. … 내가 주님의 눈앞에서 쫓겨났습니다(욘 2:2-4).

'스올'은 하나님의 형벌과 죽음의 영역을 뜻했다.[7] 잭 새슨에 따르면, 그런 장소에 있다는 말은 극도의 고뇌와 고통을 표현한 것이다. 이 비유는 "요나 특유의 것이고 가장 어두운 빛깔의 절망을 전달한다."[8] 요나는 자신의 고통이 형벌이고 죄 때문에 자신이 하나님의 눈앞에서 쫓겨났다는 것을 안다.

예수님이 스스로를 '요나보다 더 큰 이'라고 하신 것

은 요나가 깊은 곳에서 지낸 사흘 밤낮을 가리키신 말씀이다(마 12:40-41). 십자가에서 예수님은 요나의 고통을 다시 겪으시되 무한히 더 크게 겪으시며 이렇게 부르짖으신다. "나의 하나님, 나의 하나님, 어찌하여 나를 버리셨나이까?"(마 27:46).

요나는 뱃사람들을 구원하기 위해 바다 깊이 내려갔지만, 예수님은 요나를 구원하기 위해 죽음 및 하나님과의 분리 - 지옥 자체 - 라는 심연 속으로 들어가셨다. 요나는 하나님의 '큰 물'의 '파도와 큰 물결'(욘 2:3)의 무게에 짓눌렸지만, 예수님은 하나님의 진노의 파도와 물결 아래 묻히셨다. 요나는 자신이 스올에 있고 하나님의 눈앞에서 쫓겨났다고 말했다. 사도신경은 예수님이 우리를 위해 "지옥으로 내려가셨다"고 말한다(한글 사도신경에는 이 대목이 빠져 있다-역주). 이 구절에 대한 고전적 해설은 다음과 같다.

이 구절의 핵심은 그리스도가 사람들의 눈앞에서 당하신 고난의 설명이 있은 이후, 그분이 하나님의 눈앞에서 겪으신 보이지 않고 이해할 수 없는 심판에 대해 적절하게 말한다는 데 있다. 그것을 언급한 이유는 우리를 구원하기 위한 값으로 그리스도의 몸을 내어 주셨을 뿐 아니라, 그분의 영혼이 정죄 받고 버림받은 인간의 끔찍한 고통을 겪는 더 크고 더 비싼 값을 치르셨음을 우리로 알게 하기 위해서다.[9]

우리의 문제가 무엇이든, 하나님은 그분의 은혜로 문제를 해결하신다. 하나님의 은혜는 죄책을 영원히 제거하신다. 우리는 과거를 절절히 후회하고 있을 수도 있고, 완전히 실패했다는 느낌을 안고 살고 있을 수도 있다. 하지만 우리가 무슨 일을 했는가는 중요하지 않다. 우리가 지금보다 백 배는 못한 사람이라 해도, 우리의 죄는 그분의 은혜를 누를 수 없다. 이런 찬양이 있다. "내가 저지른 죄들을/ 고발자가 소리쳐 외치네/ 나는 그 모든 죄와 수천 가지 더 많은 죄를 보네." 하지만 우리가 그리스도 안에 있으면 "여호와께선 아무것도 모르시네."[10]

은혜는 실패에 대한 두려움을 제거한다. 실패에 대

한 두려움은 요나가 가진 문제의 일부였을 것이다. 우리의 강한 성공욕은 그리스도가 우리를 위해 이루셔야 할 것을 우리가 직접 이루려는 시도일 뿐이다. 사실 우리는 이렇게 말하고 있는 것이다. "내가 이것을 성취하면 용납받을 만한 사람이 되는 거야!" 그러나 다른 원천을 통해 용납받을 자격을 얻어내려는 시도를 중단해야만 비로소 우리의 두려움이 사라진다. 그때 우리는 두려움없이 순종하는 자가 된다.

구원은 주님께 속한 일이다. 구원은 전적으로 주님으로부터 나온다. 우리에게서 일부 나오고 주님에게서 일부 나오는 것이 아니다. "내가 더 가치 있는 존재였으면 좋겠다"는 생각이 든다면, 아직도 상황 파악을 못한 것이다. 주님이 우리의 가치시다.

"하나님이 내 삶에 계시면 좋겠지만 그분이 일하심이 보이지 않는다"고 말한다면, 그분의 은혜가 얼마나 근본적인 것인지 아직 이해하지 못한 것이다. 우리가 하나님을 조금이라도 원한다면, 하나님이 이미 우리 삶에서 일하고 계신 것이다. 우리는 스스로 하나님을 원할 능력이 없다. 구원은 주님의 것이다.

하나님의 급진적인 은혜만이
문제를 해결한다(욘 4:1-3)

우리는 요나가 다시 분노에 빠져든 것이 자기 나라의 정치적 운명에 대한 과도한 염려의 결과임을 보았다. 그는 일종의 극단적 당파심에 빠졌다고 말할 수 있다. 자기 나라에 이롭기만 하다면 사람들이 죽고 영혼이 망하는 일도 감수하려 한다. 우리는 많은 이들처럼 요나가 좋게 말하면 맹목적 애국주의자, 나쁘게 말하면 국수주의자였다고 말할 수 있다. 그러나 그렇게 말할 때는 조심해야 한다. 그런 비난을 통해 도덕적 우월감을 느낄 수 있겠지만, 적법한 애국심과 자기 민족과 사회에 대한 선한 애착은 정당하게 평가해야 한다.

C. S. 루이스의 책 《네 가지 사랑》(*The Four Loves*)은 우정과 성의 주제에 대한 내용으로 유명하다. 루이스가 애국심을 다룬 부분은 그보다 덜 알려져 있다. 그는 제1차

세계대전에 참전해 조국에 봉사했다. 그는 전투 중에 부상을 당했고 동료를 잃었다. 자기 나라와 땅에 자긍심과 사랑을 느꼈다. 하지만 그는 '나라 사랑'에 대한 논의를 이렇게 시작한다. "요즘 사람들이라면 이 사랑이 신이 되는 순간 악마로 돌변한다는 사실을 다들 압니다."[11] 루이스는 악마적이 된 강렬한 애국심의 일종으로 나치즘을 거론했다.

루이스는 부풀려진 애국심 때문에 일어난 여러 참상에 대한 반발로 "어떤 이들은 나라 사랑이 원래부터 악마였던 것이 아닌지 의심하기 시작"했다고 말한다. 오늘날 서구문화에서는 그런 인식이 더 커졌다. 많은 대학 캠퍼스에서는 국가적 자부심에 대한 모든 표현이 사실상 파시즘이나 국수주의로 여겨진다.

그러나 루이스는 반애국주의를 또 다른 형태의 극단주의에 불과하다고 보고 거부한다. 나라 사랑을 늘 유해한 것으로 보는 이들은 "그간 인류가 이루어 온 모든 고귀한 시의 절반, 모든 고귀한 행동의 절반을 부정할 수밖에 없"다. 그는 눈길을 끄는 이런 말을 덧붙인다. "그렇게 되면 예루살렘을 보면서 우셨던 그리스도의 탄식도 내버려야 합니다. 그리스도 역시 모국에 대한 사랑을 보여 주셨기 때문입니다."[12]

루이스는 우리가 애국심이나 나라 사랑을 몇 가지 측면, 또는 종류로 나누도록 이끌어 준다. 그중 일부는 잔혹함과 압제를 초래할 가능성이 다른 측면들보다 더 낮다.

첫 번째 종류는 '고향에 대한 사랑'이다. 우리가 자란 장소와 그곳에 사는 사람들, 경치, 풍경과 소리, 음식과 냄새와 삶의 방식에 대한 사랑이다. 루이스는 이런 종류의 나라 사랑은 다른 사람들에 대한 적대감을 낳을 가능성이 낮다고 본다. 자신의 장소가 무엇 때문에 특별해지는지 이해하면 다른 사람들도 그들의 고유한 장소를 같은 방식으로 사랑할 것임을 그려보는 데 도움이 된다.

두 번째 종류의 나라 사랑은 '자기 나라의 과거에 대한 특정한 태도'이다. "여기서 말하는 과거는 … 조상들이 이루어 낸 위대한 업적"이다. 루이스는 여기에 이미 위험이 담겨 있다고 말한다. 이런 사랑은 자기네 역사를 좋게만 채색하고 "모든 나라의 실제 역사는 시시하고 수치스러운 일들로 가득 차 있음"을 숨기고픈 마음이 들게 한다. 이런 유혹에 굴복하면, 자기 나라와 문화에는 다른 여느 나라처럼 좋은 사람과 나쁜 사람, 좋은 요소와 나쁜 요소가 뒤섞여 있다는 인식을 잃게 된다. 바로 이 지점에서 국가적 우월감이 생겨나고, 그와 함께 우리 민족은 이런 우월성을 자동적으로 '물려받는다'는 잠재적 믿음을 품게 된다.[13]

루이스는 한 나라가 스스로의 역사적 악행을 의도적으로 은폐하고 삭제할 때, 세 번째 종류에 해당하는 의식적이고 의도적인 민족적 우월감이 나올 수 있다고 보았다. 어떤 사람이 영국은 다른 나라나 사회보다 우월하다고 자신의 생각을 공공연히 밝히자, 루이스는 어느 나라 사람이나 자기 민족이 세상에서 가장 용감하고 아름답다고 생각하고 싶어 하지 않겠느냐고 물었다. 어느 정도는 웃자고 한 소리였을 것이다.

그런데 루이스의 말에 그는 무척 진지하게 이렇게 대답했다. "그렇지요. 하지만 영국은 정말 그렇습니다."[14]

루이스는 바로 여기서 우리가 국수주의와 압제의 문턱에 서 있다고 말한다. "만약 우리나라의 대의가 하나님의 대의라면, 우리의 전쟁은 상대를 멸절시켜야 하는 전쟁일 수밖에 없습니다. 지극히 세속적인 것에 그릇된 초월성이 부여되면 바로 이런 일이 벌어집니다."[15]

이 경로 - 자신의 고향과 나라에 대한 건강한 사랑에서 출발하여 자신의 민족과 국가를 신으로 삼는 지경에 이르는 - 마지막 단계는 한 민족이나 나라가 자신들이 우월하다는 전제를 잔인함, 압제, 배제, 멸절의 근거로 삼을 때 나타난다. "개들아, 주인을 알아 모셔라!"[16]

루이스가 제시한 이 경로에는 많은 단계가 있고 요나는 그 모든 단계를 거치는 듯 보인다. 우리는 역사를 통해 앗수르가 결국 이스라엘의 북쪽 열 지파를 멸망시켰음을 안다. 요나의 두려움은 현실성 없는 것이 아니었다. 하지만 하나님은 요나를 불러 그분의 말씀과 사람들의 영적 유익을 이스라엘의 국익보다 앞세우게 하셨다.

요나의 민족 사랑과 애국심은 선한 것이었지만 잘못되었다. 그의 민족사랑은 편협함으로 변질되었고, 이스라엘이 국제적 권력 투쟁에서 이길 가망이 사라지자 그의 삶도 아무 의미가 없어졌다. 하나님을 섬기는 일이 이스라엘에 대한 그의 목표와 조화를 이루는 동안에는 하나님께 불만이 없었다.

그러나 참되신 하나님과 그가 실제로 섬기던 신 중 하나를 선택해야 하는 상황에 처하자마자 그는 분노하여 하나님께 등을 돌렸다. 그에게는 국적에 의거한 정체성이 모든 나라의 주인이신 하나님의 종으로서 맡은 역할보다 그의 자긍심에 더욱 근본적이었다. 진짜 하나님은 다른 목적을 위한 수단에 불과했던 것이다. 그는 자신이 진짜 믿는 신을 섬기는 데 하나님을 이용하고 있었다.[17]

민족과 국가는 우상이 될 수 있는 무한히 많은 좋은 것 중 일부일 뿐이다. 철학자 폴 틸리히(Paul Tillich)는 의미 있는 삶을 위해서는 누구나 무엇인가를 위해서 살아야 하고, 바로 그 무엇이 '궁극적 관심사'가 된다고 주장했다. 그래서 그는 철저한 무신론은 실제로 가능하지 않다고 보았다. 그는 삶의 의미를 신이라고 부르지 않는다 해도, 그것은 여전히 신처럼 기능을 하기에 모든 사람의 삶

은 믿음에 근거한다고 주장했다.[18]

　　같은 맥락에서 포스트모던 소설가 데이비드 포스터 월리스(David Foster Wallace)는 일상생활에서 "무엇인가를 예배하지 않는 순간은 없다"고 말했다. 그는 더 나아가 "무엇이건 삶의 진정한 의미를 얻는 곳에서" - 넉넉한 돈이든, 아름다움(혹은 배우자의 아름다움)이든, 똑똑하다는 인정이든, 어떤 정치적 대의에 대한 지지든 - "모두가 예배한다. 무엇을 예배할지 선택할 수 있을 뿐이"라고 주장했다. 월리스는 현대의 비종교인들이 자신은 아무것도 예배하지 않는다고 강하게 반발하리라는 것을 알았다. 그러나 그는 예배에 대한 비종교인들의 적극적 부정을 중독자들이 중독 사실을 부정하는 것에 비교했다. "그것들이 무의식적 차원에 있다는 점은 잘 드러나지 않는다. 말하자면 기본설정이다."[19]

　　무엇이건 우리가 사는 목적이 실제로 우리를 소유한다. 우리는 자신을 지배하지 못한다. 우리가 사는 목적과 가장 사랑하는 바로 그것이 우리를 지배한다.

　　요나의 삶을 일그러뜨렸던 것처럼 우리 삶도 일그

러뜨릴 수 있는 '기본 설정'을 어떻게 알아낼 수 있을까? 응답받지 못한 기도와 꿈을 살펴보라. 하나님이 그것들을 이루어 주시지 않았을 때, 실망감과 씨름한 뒤에 삶을 이어가는가? 아니면 자신을 점검하고 교훈을 배워 변화한 다음에 삶을 이어가는가? 아니면 "사는 것보다 죽는 것이"(욘 4:3) 낫겠다고 느끼는가? 그 차이를 보면 우리가 원하는 것이 정상적인 사랑의 대상인지 아니면 우상인지 알 수 있을 것이다.

기본 설정을 파악했다면 이제 그것을 바꿀 방법은 무엇일까? 우상의 지배에서 벗어날 유일한 비결은 하나님의 급진적 은혜를 마음으로 붙드는 것이다. 요나는 이것을 이해하는 것 같은 모습을 요나서 2장 8절에서 처음으로 보여 준다. 여기서 그는 우상 숭배자들을 거론하며 이렇게 말한다. "헛된 것을 숭상하는 모든 자는 자기에게 베푸신 은혜를 버렸사오나."

말 그대로, 요나는 우상 숭배자들이 자기들이 받을 은혜를 저버린다고 말하고 있다. 한동안은 그가 은혜를 이해하는 듯 보인다. 그는 이렇게 말한다고 할 수 있다.

"구원은 주님께로부터 오고, 대가 없는 은혜와 자비로만 주어지는 것임을 알겠어. 구원받는데 있어서는 누구도 다르지 않아. 도덕적으로 '선한' 사람들이나 사악한 이방인이나 똑같아. 하나님의 은혜는 우리 몫이 될 수 있듯 그들 몫이 될 수 있어! 모두가 받을 자격이 없지만, 또 모두 그 은혜를 받을 수 있어."

요나가 이 개념을 온전히 파악했다면 그와 함께 그의 독선이 씻겨나갔을 테고, 니느웨가 심판을 면한 후에 독선이 다시 고개를 드는 일은 없었을 것이다. 그가 하나님의 은혜를 온전히 파악했다면 그의 나라 사랑은 궁극의 목표에서 좋은 목표로 조정되었을 테고 4장에서 드러나는 실망이 죽고 싶다는 절망의 외침으로 터져 나오지는 않았을 것이다.

요나서 2장 끝부분에서 그는 도덕주의자에서 은혜를 아는 자로 변화할 것처럼 보였다. 그러나 그는 예수님이 두 번 이상 만져 주셔야 했던 사람과 비슷했다(막 8:23-25). 우리는 요나와 같다. 하나님의 은혜가 필요한 존재라는 사실 - 이것은 흔히 실망과 실패의 경험을 통해 찾아온다 - 과 복음의 메시지, 이 두 가지에 거듭거듭 노출되어야 한다. 하나님의 사랑과 그리스도의 은혜를 우리 마음을 움직이는 원리로 끌어들이고 우리 정체성의 근본적 층위로 가져오는 것은 하나의 과정이고 종종 느리게 진행되는 과정이다.

어떻게 하면 그토록 취약하고 상황에 따라 마구 흔들리는 우리의 우상, 자력 구원, 자기정당화에서 벗어날 수 있을까? 오직 하나님의 은혜로만 가능하다. 하나님의 은혜는 우리 마음을 깊이 찌르면서도(행 2:37) 우리를 하늘보다 더 높이 들어올리고(엡 1:3-10) 우리의 행복과 정체성을 아버지의 변함없는 사랑에서 찾게 만든다. 복음이 건네는 자존감은 우리가 성취한 것이 아니라 받은 것이다. 우리는 민족, 국적, 성별, 가족, 공동체, 기타 인연을 통해 자신의 정체성을 확인하지만, 우리에 대한 가장 근본적인 사실은 은혜로 구원받은 죄인이라는 것이다. 우리는 자신 안에서 길을 잃고 결점 많고 자격 없는 존재이지만, 그리스도 안에서는 우리가 세상에서 가장 흠모하는 분이 용납하시고 기뻐하시는 존재이다.

하나님께 받은 정체성은 우리의 교만을 치우고 겸손하게 한다. 하나님 앞에서 우리의 지위가 오직 그리스도의 희생을 대가로 주어진 부요한 은혜의 선물이라면, 어느 누구에게 우월감을 느낄 수 있겠는가? 그리고 그리스도 안에 있는 우리는 하나님의 무한하고 변함없는 사랑을 절대적으로 확신하게 된다. "이제 그리스도 예수 안에 있는 자에게는 결코 정죄함이 없[다]"(롬 8:1). 이제는 다른 사람들을 배제하는 방식으로 우리의 자아상을 부풀릴 필요가 전혀 없다.

긍휼이 없이 행하는 세대를 가르치시다(욘 4:4-11)

하나님은 한 차례 말씀만으로 요나를 독선적 정체성에서 해방시키려 하지 않으셨다. 하나님이 요나에게 여러 어려움과 실망을 안기셨음을 잊어서는 안 된다. 처음에 하나님은 생명을 위협하는 폭풍을 보내셨다. 두 번째로는 요나에게 많은 위로가 되었던 식물을 거두셨다.

그가 사랑하던 것이 시들고 죽어 버렸다. 하나님은 왜 그렇게 하셨을까? 하나님은 자비를 베푸셔서 요나 마음의 우상을 상대로 영적 수술을 진행하신 것이었다. 존 뉴턴(John Newton)은 하나님이 덩굴식물(여기서는 '박넝쿨'이라 불린다)을 치신 이 구절을 가지고 찬양시를 썼다.

나는 주님께 구했다.
믿음과 사랑, 모든 은혜에서 자라게 해 달라고.
주님의 구원을 더 알게 해 달라고.
그리고 주님의 얼굴을 더 간절히 찾게 해 달라고 …

내가 바랐던 것은 어떤 은총의 시간에
하나님이 나의 간구에 즉시 응답하시고
그분이 사랑의 억제력으로
나의 죄를 제압하고 안식을 주시는 것이었다.

그러나 하나님은
내 마음의 숨겨진 악을 느끼게 하셨고

지옥의 성난 권세가

내 영혼을 구석구석 공격하게 하셨다.

그뿐 아니라, 주님은 손수

내 고통을 악화시키기로 작정하신 듯했다.

내가 세운 온갖 좋은 계획을 방해하시고

내 박넝쿨을 치시고 나를 쓰러뜨리셨다.

나는 떨면서 울부짖었다. "주님, 왜 이러십니까?

왜 벌레 같은 저를 추적하여 죽이려 하십니까?"

주님께서 말씀하셨다. "나는 바로 이런 식으로

은혜와 믿음을 구하는 기도에 응답한다.

나는 이런 내적 시련들을 사용하여

자아와 교만에 묶인 너를 자유롭게 하고

세상의 기쁨을 누리려는 너의 계획들을 무산시켜

네가 내 안에서 모든 것을 찾게 한다."[20]

이 놀라운 찬양은 요나와 하나님이 나누는 마지막

대화에 대한 주석이라 할 만하다. 요나는 주님의 여느 선지자와 마찬가지로 성품이 성숙하기를 원했고 하나님의 도우심을 받기 원했다. 그런데 하나님은 실망과 재난으로 그를 추적하시는 것만 같았다. 하나님은 "그의 박넝쿨을 치셨다." 그에게 그늘과 쾌적함을 주었던 박넝쿨 뿐 아니라 자기 나라의 번영과 성공을 향한 열망인 더 큰 박넝쿨, 교만한 자기 의에 해당하는 가장 큰 박넝쿨까지 치셨다.

하나님은 왜 실망스러운 일들을 연달아 보내셨을까? 주님은 본질적으로 이렇게 답하신 것이다. "나는 은혜와 믿음을 구하는 너의 기도에 이런 식으로 응답한다. 나는 너를 노예로 삼고 조종하고 지배하는 것들로부터 너를 해방시키려 한다. 네가 다른 무엇보다 나를 최고로 사랑하면 참으로 자유로울 것임을 알지 못하느냐? 네 모든 것을 내 안에서 찾아라."

요나를 향한 하나님의 이 부름은 우리를 향한 부름이기도 하다. 우리의 모든 것을 하나님 안에서 찾는 것은 고통스러운 과정이지만, 이것이 기쁨을 얻는 유일한 진짜 길이다. 그러니 낙심하지 말자. 예수님은 "앞에 있는 기쁨"(히 12:2), 즉 아버지를 즐겁게 하고 형제자매인 우리를 구원하는 기쁨(히 2:10-15)을 위하여 무한히 더 고통스러운 길을 가셨다.

요나서의 마지막 몇 절에 따르면, 하나님의 은혜에 잠긴 사람들의 특징은 자신과 다른 이들을 경멸하지 않고 긍휼과 사랑을 품는 것이다. 하나님은 신성모독을 일삼는 불경한 사람들을 만나면 그들을 위해 울고 긍휼히 여길 것을 요나에게 요구하신다. 오류와 악은 분명 비판해야 한다. 하지만 정의로운 동시에 사랑이 많으신 하나님은 니느웨를 사랑하는 마음 없이 그 앞에서 설교하는 요나를 꾸짖으신다.

우리가 사는 세상은 다양한 '미디어 거품'으로 쪼개져 있다. 그 거품 안에서 우리는 이미 믿고 있는 것을 확증해 주는 소식만 듣는다. 인터넷과 소셜 미디어를 쓰는 모든 이들, 심지어는 뉴스를 보는 사람들까지, '저쪽 사람들'에 대해 요나처럼 행동하라고 매일 수십 가지 방식으로 부추김을 받는다. 집단들은 다른 집단들을 악마처럼 묘사하고 조롱한다. 한 나라의 각 지역과 정당은 다른 지역 다른 정당을 멸시할 이유를 찾는다.

오늘날의 기독교 신자들도 다른 사람들 못지않게 이 소용돌이 속으로 빨려 들어가고 있다. 요나서는 이 것을 경고한다. 하나님은 우리에게 어떻게 다른 사람들을 긍휼의 마음 없이 바라볼 수 있느냐고 물으신다. 우리와 전혀 다른 신념과 행동방식을 가진 이들이라도 말이다.

우리의 긍휼이 하나님의 긍휼을 닮으려면, 자기보호라는 아늑한 세계를 버려야 한다. 긍휼의 하나님은 지구 저 위에 앉아 우리를 지켜보며 그저 안 됐다고 생각하실 수만은 없었다. 하나님은 친히 우리를 위해 이 땅에 오셔서 인간의 본성을 취하시고 말 그대로 인간의 신을 신고 우리 상황과 문제 안으로 들어오셔서 우리와 동행하셨다.

만약 정말 어려운 시간을 보내는 친구가 주위에 있다면 바쁘다는 핑계를 대지 말고 그와 함께 시간을 보내라. 주께서 그러하신 것처럼 그 고통의 터널을 그와 함

께 걸어라. 물론 그러다 보면 울게 될 것이다. 마음이 아
플 것이다! 그것이 하나님이 우리를 위해 하신 일이다.

우리 모두가 은혜가 필요한 요나다

누가 요나 이야기를 전했을까?

우리는 선교의 사람으로, 우리의 믿음과 사랑을 이웃과 나누기 위해 취약해지도록 부름을 받았다. 그것이 하나님이 예수 그리스도 안에서 하신 일이고, 요나도 결국엔 받아들였던 일이다. 그는 니느웨로 가서 말씀을 전했다. 하지만 화가 나서 물러났다. 그는 니느웨가 망하는 것을 보기를 바라며 그 도시 바깥에 머물렀다. 그는 결국 실패한 것일까?

우리가 본 대로, 요나서는 열린 결말로 끝난다. 선지자가 하나님의 마지막 호소에 어떻게 반응했는지 우리는 알 수 없다. 하지만 합리적인 추측은 해 볼 수 있을 것 같다. 요나가 그렇게 고집을 부리고 반항하고 갈피를 못 잡는 선지자였음을 우리가 어떻게 알게 되었을까? 그가 "난 하나님의 사랑이 싫어요"라는 믿기 어려운 말을 했음을 우리가 어떻게 알게 되었을까? 그가 물고기 배 속에서 드린 기도를 우리가 어떻게 아는 걸까? 우리가 그런 것들을 알 수 있는 방법은 하나뿐이다. 요나가 다른 이들에게 말한 것이다. 어떤 사람이 자신이 지독한 바보였음을 세상에 알리려 할까? 하나님의 사랑 안에서 안전을 확신하고 기쁨을 누리게 된 사람뿐이다. 자신이 죄인인 동시에 온전히 용납받았음을 믿는 사람뿐이다. 한마디로, 은혜의 복음 안에서 하나님의 능력을 발견한 사람이다(롬 1:16).

은혜의 복음이 요나를 변화시킬 수 있다면, 누구라도 변화시킬 수 있다. 당신도 변화시킬 수 있다.

감사의 글

내 아내 캐시(Kathy)는 이 책의 공저자는 아니지만, 책이 출간되도록 배후에서 가장 크게 힘을 쓴 사람이다. 나는 요나서 전체 강해설교를 1981년, 1991년, 2001년에 한 번씩 총 세 번 했다. 캐시는 이 세 시리즈를 다 들은 유일한 사람으로, 여러 해 동안 그 내용이 책으로 나오기를 원했다. 주일마다 모인 청중을 위해 완결된 메시지를 전달해야 하는 일련의 구어 설교를 현대의 여러 사안과 문제에 다양하게 적용하면서도 모두 이어지는 하나의 기록된 이야기로 바꾸는 것은 어려운 일이다. 아내 때문에 나는 몇 번이나 다시 시작해야 했고, 그녀는 편집의 매 단계마다 원고를 꼼꼼히 살폈다.

본서는 내가 '역사적' 위인에게 헌정하는 첫 번째 책이다. 그는 존 뉴턴 목사이다. 그는 기독교 가정에서 자랐지만 신앙을 버리고 노예무역상이 되어 하나님으로부터 힘껏 달아났다. 그러나 대서양의 거센 폭풍을 만나 기도하면서 강렬한 믿음을 향해 나아가는 여정을 시작했다. 요나처럼 그는 대도시에 설교를 하러 갔다. 그리고 결국 런던에서 유명한 복음주의 성공회 사제가 되었다. 캐시와 나는 그의 목회서신들이 비길 데 없이 훌륭함을 알게 되었다. 그 실천적 지혜, 신학적 깊이, 은혜 중심성은 여러 해에 걸쳐, 때로는 너무나 어두운 순간에도 거듭거듭 우리를 도와주었다.

늘 그렇듯 일하고 글을 쓸 멋진 장소와 공간을 마련해 준 분들에게 감사를 전하고 싶다. 그중에서도 영국 컴프리아주 앰블사이드에 있는 피셔벡 호텔의 레이(Ray)와 질 레인(Gill Lane) 부부, 플로리다 팜비치가든의 제니스 워스(Janice Worth)에게 고마움을 전한다. 몇 년 전, 이 두 곳에서 이 책의 초고를 썼다. 그리고 데이비드 맥코믹(David McCormick)과 브라이언 타트(Brian Tart)에게 또다시 감사를 전한다. 내 모든 저술에서 내용부터 편집까지 이끌어 주는 두 사람의 역할은 필수적이다.

주

프롤로그

1. 지금까지 나온 모든 요나서 해석에 대한 매우 광범위한 조사 결과를 다음 책에서 볼 수 있다. Yvonne Sherwood, *A Biblical Text and Its Afterlives: The Survival of Jonah Western Culture* (Cambridge: Cambridge University Press, 2000). 이 책에서 셔우드(Sherwood)는 주석가들이 자신의 신념이나 견해를 뒷받침하는 데 요나서를 사용하는 경향이 있다고 주장한다. 그것은 분명 사실이지만 셔우드에게는 아이러니한 주장이라 하겠다. 그녀 자신 역시 이 모든 해석은 다 동등한 타당성을 갖고 있다는 후기근대적 입장을 뒷받침하는 데 요나서를 쓰고 있기 때문이다. 히에로니무스(Jerome)와 아우구스티누스(Augustine) 같은 초기 기독교 주석가들은 요나를 그리스도의 모형으로 보았다. 반면 루터 같은 많은 종교개혁가들은 요나가 이방인들에게 다가가기 꺼려하는 유대인이며, 복음을 파악하지 못하고 열국의 증인이 되지 못한 이스라엘의 실패를 보여 준다고 보았다. 계몽주의 시대 이후로는 요나 이야기에 접근할 때 주로 이야기의 타당성, 그중에서도 물고기 사건의 타당성을 비판하거나 옹호하는 데 집중했다. 보다 최근의 해

석 방식인 문학적 분석에서는 요나서를 흔히 풍자나 희극으로 분류한다. 이 모든 해석의 노선이 제각기 요나서의 중요한 점을 지적하고 요나서 본문을 이해하는 데 중요한 깨우침을 준다.

2. 성경의 기적을 옹호하는 포괄적 연구서로는 두 권으로 된 다음 책을 보라. Craig S. Keener, *Miracles: The Credibility of the New Testament Accounts* (Grand Rapids, MI: Baker Academic, 2011).

3. David W. Baker, T. Desmond Alexander, and Bruce K. Waltke, *Obadiah, Jonah, and Micah: An Introduction and Commentary*, Tyndale Old Testament Commentaries vol. 26 (Downers Grove, IL: InterVarsity Press, 1988), p. 123.

– PART 1

Chapter 1

1. 이 책에서 내가 줄곧 사용하는 요나서 번역문은 나의 주해 작업과 나보다 히브리어 능력이 뛰어난 이들의 주해 작업에 근거한 것이지만, 다음 두 책의 통찰에도 큰 영향을 받았다. Jack M. Sasson, *Jonah: A New Translation with Introduction, Commentary, and Interpretation,* The Anchor Bible (New York: Doubleday, 1990); and Phyllis Trible, *Rhetorical Criticism: Context, Method, and the Book of Jonah* (Philadelphia: Fortress, 1994). 요나서 본문의 인용문은 모두 그렇게 나온 나의 번역문이다. 성경의 나머지 책에서 가져온 인용문은 모두 New Internation Version에서 나온 것이다(번역서의 요나서 본문은 저자의 영어 번역문을 직접 옮겼고, 성경 다른 책의 경우 개정개역을 기본으로 하고 다른 번역본일 경우 명시했다 - 역주).

2. Erika Bleibtreu, "Grisly Assyrian Record of Torture and Death," *Biblical Archaeology* Jaunary/February 1991, pp. 52-61. 다음 글에서 인용.

James Bruckner, *The NIV Application Commentary: Jonah, Nahum, Habakkuk, Zephaniah* (Grand Rapids, MI: Zondervan, 2004), p. 28.

3. Bruckner, *Application Commentary*, pp. 28-29.

4. Bruckner는 앗수르 제국의 "공포 조성" 행위에 대한 역사적 기록을 세 쪽에 걸쳐 모아놓았다. *NIV Application Commentary*, pp. 28-30.

5. Leslie C. Allen, *The Books of Joel, Obadiah, Jonah, and Micah* (Grand Rapids, MI: Wm. B. Eerdmans, 1976), p. 202; Rosemary Nixon, *The Message of Jonah* (Downers Grove, IL: InterVarsity Press, 2003,) pp. 56-58.

6. Allen, *The Books of Joel*, pp. 204-205를 보라.

7. 다수의 성경학자들은 나훔의 예언이 요나보다 더 이르다고 판단한다. T. F. Glasson, "The Final Question in Nahum and Jonah," *Expository Times* 81 (1969), pp. 54-55를 보라. Leslie Allen은 "나훔서를 종교적 유산으로 수용한 공동체에 구 앗수르 수도 니느웨가 끼친 종교적 심리적 영향력"을 생각하면 니느웨에 대한 요나의 적대감은 전적으로 이해할 만하다고 덧붙인다(Allen, The Books of Joel, p. 190).

8. "욥기의 경우처럼, [요나서의] 정당한 교훈은 죽을 인간들로서는 그들의 하나님을 판단할 능력은 물론 이해할 능력도 없다는 것이다." Jack M. Sasson, *Jonah: A New Translation, with Introduction, Commentary, and Interpretation*, The Anchor Bible (New York: Doubleday, 1990), p. 351.

9. 이 비유에 대한 해설로는 다음 책을 보라. Timothy Keller, *The Prodigal God: Recovering the Heart of the Christian Faith* (New York: Dutton, 2008). (《탕부 하나님》, 윤종석 역, 두란노) 나는 여기서 "prodigal"이라는 단어를 "무모할 만큼 씀씀이가 헤프다"는 원래의 의미로 썼다. 동생이 돈을 허비하며 헤프게 쓴다면, 아버지는 은혜를 그렇게 헤프게 나누어 준다.

10. Flannery O'Connor, *Wise Blood: A Novel* (New York: Farrar, Straus and Giroux, 1990), p. 22. (《현명한 피》, 허명수 역, IVP) 나는 종교를 이용해 하나님을 피한다는 이 주제를 《탕부 하나님》 3장 '죄에 대한 더 깊은 이해Redefining Sin'에서 다루었다. *The Prodigal God*, pp. 34-54.

293

11. "요나는 사실상 스스로를 하나님으로 여기고, 참되신 하나님을 더 큰 공식의 한 가지 요소로 바꿔 자기 뜻대로 조종하고 싶어 한다." Daniel C. Timmer, *A Gracious and Compassionate God: Mission, Salvation and Spirituality in the Book of Jonah* (Downers Grove, IL: InterVarsity Press, 2011), p. 144.

12. Timmer는 이미 '동생'이었고 용서를 구한 바 있었던 요나가 형의 오류에 빠진 것이 더욱 더 충격적이라는 사실을 지적한다. "요나는 하나님의 은혜로 변화되지 않으면서 은혜 받기를 원하고, 그와 동시에 하나님의 은혜로 삶이 바뀐 이들에게서 그 은혜를 빼앗고 싶어 한다." Timmer, *Gracious and Compassionate God*, p. 133.

– PART 2

Chapter 2

1. Derek Kidner, *Proverbs: An Introduction and Commentary* (Downers Grove, IL: InterVarsity Press, 1964), p. 80.

2. 영어 원문의 경우 창세기 6장 6절은 New Century Version에서 인용. 이사야 63장 9절은 the English Standard Version에서 인용.

Chapter 3

1. Hugh Martin, "The Prayer of Terror and the Sleep of Sorrow in the Storm," in *A Commentary on Jonah* (Edinburgh: Banner of Truth, 1958), p. 91.

2. Leslie C. Allen, *The Books of Joel* (Grand Rapids, MI: Wm. B. Eerdmans, 1976), p.

207.

3. Allen, *The Books of Joel*, p. 8.

4. Phyllis Trible, "Jonah," *The New Interpreter's Bible, Volume Seven: Introduction to Apocalyptic Literature, Daniel, The Twelve Prophets* (Nashville: Abingdon 1996) p. 498. Jack M. Sasson, *Jonah: A Translation with Introduction, Commentary, and Interpretation*, The Anchor Bible (New York: Doubleday, 1990), pp. 110-111 참조.

5. Martin, "The World Rebuking the Church," *Commentary on Jonah*, pp. 94-107.

6. Jacques Ellul, *The Judgment of Jonah* (Grand Rapids, MI: Eerdmans, 1971), p. 29.

7. Francis Schaeffer, *The Church Before the Watching World* (Downers Grove, IL: InterVarsity Press, 1971).

8. Phyllis Trible, "Jonah," in *The New Interpreter's Bible,* Volume Seven, p. 502.

9. 이 구절에서 야고보는 가난한 신자들에 대한 긍휼을 언급한다(15절의 "형제나 자매"를 보라). 그는 우리가 은혜로 구원을 받은 징표가 기독교 공동체 안에 있는 가난한 이들의 고통을 완화하기 위해 실제적 행동을 취하는 것이라고 말하고 있다. 이 본문은 갈라디아서 6장 10절과 나란히 두어야 한다. 갈라디아서의 이 대목에서 바울은 그리스도인들에게 "기회 있는 대로 모든 이에게 착한 일을 하되"(실제적 도움을 베풀되) "더욱 믿음의 가정들에게 할지니라"고 말한다. 다시 말해, 모든 사람 그중에서도 특히 교회 안에서 경제적 물질적 어려움을 겪는 사람들에 대한 연민은 참된 신앙의 증표 중 하나이다.

Chapter 4

1. 8절에는 히브리어 단어 '멜라카'(melaka)가 나오는데, 여기서는 '사명'이라고

번역했지만 때로는 그냥 '직업'을 뜻하기도 한다. Jack Sasson은 여기서 뱃사람들이 요나에게 단지 직업을 묻는 것이 아니라 항해와 인생에서 그의 사명과 목적을 묻고 있다고 이해하는 것이 최선인 증거를 제시한다. Jack M. Sasson, *Jonah: A New Translation, with Introduction, Commentary, and Interpretation*, The Anchor Bible (New York: Doubleday, 1990), p. 114.

2. 이 주제에 대한 더 많은 내용은 다음을 보라. Timothy Keller, *Counterfeit Gods: The Empty of Sex, Money, and Power and the Only Hope That Matters* (New York: Dutton, 2009). (《내가 만든 신》, 윤종석 역, 두란노)

3. 다음의 성경적-신학적 연구서를 보라. Richard Lints, *Identity and Idolatry: The Image of God and Its Inversion* (Downers Grove, IL: InterVarsity Press, 2015). 3장 이번 항목의 제목은 Lints의 중요한 책에서 가져왔다. Thomas C. Oden, *Two Worlds: Notes on the Death of Modernity in America and Russia* (Downers Grove, IL: InterVarsity Press, 1992), chapter 6도 보라.

4. Daniel C. Timmer, *A Gracious and Compassionate God: Mission, Salvation, and Spirituality in the Book of Jonah* (Downers Grove, IL: InterVarsity Press, 2011), p. 70.

5. Miroslav Volf는 네 가지 형태의 배제를 제시한다. 공격, 동화, 지배, 유기. 나는 공격과 지배를 '제거'라는 범주 아래에 두고 하나로 묶었다. Miroslav Volf, *Exclusion and Embrace: A Theological Exploration of Identity, Otherness, and Reconciliation* (Nashville: Abingdon Press, 1996), pp. 74-78를 보라. (《배제와 포용》, 박세혁 역, IVP)

Chapter 5

1. Leslie C. Allen, *The Books of Joel* (Grand Rapids, MI: Wm. B. Eerdmans, 1976), p. 211.

2. 예수님은 마태복음의 두 군데에서 "요나의 표적"을 말씀하시는데, 두 곳

모두에서 회의론자들이 예수님께 본인의 주장을 뒷받침할 기적의 증거를 내놓으라고 요구했다. 그들은 "표적", 즉 하나님이 예수님과 함께하신다는 강력한 증거를 원했다. 물론 그들은 예수님이 기적을 행하시는 것을 보았지만, 기적을 행할 수 있는 사람은 많아 보였다. 그들은 예수님이 스스로 말한 바로 그 사람이라는 것을 보여 줄 결정적인 표적을 원했다. 예수님은 "요나의 표적 밖에는" 보여 줄 표적이 없다고 대답하셨다. 마태(12:38-42)와 누가(11:29-32) 모두 이 내용을 기록한다. 그런데 이 "표적"은 무엇이었을까?

마태는 요나의 '죽음'과 '부활'("밤낮 사흘 동안 큰 물고기 배 속에 있었던 것")을 예수님의 죽음, 부활("밤낮 사흘 동안 땅 속에 있으리라")과 함께 거론한다. 하지만 누가는 물고기 배 속과 땅속의 삼 일에 대한 언급을 빠뜨린다. 누가복음에서 예수님은 요나의 표적이 니느웨에 회개를 선포한 것이었다고 말씀하신다. 일부 해석자들은 마태복음 본문에만 초점을 맞추어 궁극적 기적인 그리스도의 부활이 예수님이 스스로 말씀하신 바로 그분임을 모두에게 증명할 바로 그 '표적'이라고 믿는다. 그러나 누가는 부활을 언급하지 않고도 요나의 표적에 대해 말할 수 있었다.

다른 해석자들은 누가복음에만 초점을 맞추어 예수님의 말씀은 기적적인 표적을 아무것도 내놓지 않을 것이라는 뜻이었다고 본다. 그러나 Joachim Jeremias가 지적한 대로, "회개의 선포를 세메이온(semeion, 표적)이라고 묘사한 것은 대단히 이례적인 일이다. 왜냐하면 표적의 핵심은 인간이 하는 일이 아니라 '하나님의 능력의 개입'이기 때문이다." Joachim Jeremias, "Ionas," in *Theological Dictionary of the New Testament*, edited by G. Kittell and G. Friedrich (Grand Rapids, MI: Wm. B. Eerdmans, 1976), p. 409. 다음 글에서 인용. Baker, Alexander, and Waltke, *Obadiah, Jonah, and Micah*, p. 92.

T. D. Alexander는 이 생각들을 결합하면 예수님이 요나를 언급하신 말씀을 가장 잘 이해할 수 있다는 결론을 내린다(Baker, Alexander, and Walke, *Obadiah, Jonah, and Micah*, p. 94). 요나가 하나님의 진노로부터 뱃사람들을 구하기 위해 물속에 던져졌던 것처럼, 예수님은 우리를 구원하시기 위해 우리 죄에 합당한 형벌을 모두 지시고 죽음에 던져지실 터였다. 우리 대신

그리스도가 죽고 부활하신 데 비추어 보면, 우리는 회개할 때만 하나님을 발견하고 그분의 새생명을 얻게 된다. 우리가 스스로의 참회와 정화의 노력을 통해 하나님의 연민을 끌어낼 수 있다고 생각하고 회개한다면 아무 소용이 없을 것이다. 그러므로 요나의 표적은 회개하고 믿는 것이다. 그 회개와 믿음은 하나님의 인정을 받기 위한 수단이 아니라 예수님이 다 이루신 사역을 통해 영구적이고 온전히 획득하신 하나님의 사랑과 인정 안에서 안식하는 것을 말한다.

3. Jacques Ellul, *Judgment of Jonah*, (Grand Rapids, MI: Eerdmans, 1971), pp. 36-38. (《요나의 심판과 구원》, 신기호 역, 대장간)

4. Albert Lukaszewski, "Prepositions," in *The Lexham Syntactic Testament Glossary* (Bellingham, WA: Lexham Press, 2007), p. 382를 보라. William L. Lane, *The Gospel of Mark* (Grand Rapids, MI: Eerdmans, 1974), p. 384도 보라.

5. P. P. Bliss, " 'Man of Sorrows,' What a Name" (찬송), 1875.

6. Allen, *The Books of Joel*, p. 212.

7. King James Bible과 English Standard Version에서 propitiation(화목제물)로 번역된 그리스어 단어 힐라스모스(hilasmos)는 논쟁거리였다. 성경 바깥에서 이 그리스어 단어의 흔한 고대 용례는 기분이 상한 신의 진노를 누그러뜨리기 위해 바치는 예물이었다. 하지만 19세기말과 20세기 초에 B. F. Westcott과 C. H. Dodd 같은 학자들은 이 단어가 신약성경 안에서 하나님과 그분의 진노가 아니라 우리와 우리의 죄를 가리킨다고 주장했다. 그들은 이 단어가 'expiation'(속죄), 즉 우리와 하나님의 관계를 가로막는 장애물이던 우리 죄가 제거됨을 의미한다고 가르쳤다. 우리는 용서받았고, 무죄로 선언되었다. 이 학자들은 힐라스모스를 "하나님의 진노를 달래거나 만족시킨다"는 뜻으로 보지 않았다. 하지만 Leon Morris(*The Apostolic Preaching of the Cross*, London: Tyndale, 1965)와 David Hill(*Greek Words and Hebrew Meanings*, Cambridge: Cambridge University Press, 1967)은 이 견해에 강하고 결정적인 이의를 제기했다. 그들은 성경의 힐라스모스 단어군이 성경 이외의 그리스어 문헌에서와 동일한 의미를 갖고 있음을 보여 주었다. 그들은 또한 속죄(expiation)와 화목제물(propitiation)이 같이 이루어져야

한다고 주장했다. 가해자가 누군가에게 죄를 짓는다면 그가 잘못을 인정하고 정의의 빚을 갚기 전까지는 피해자의 정당한 분노와 정의를 바라는 마음이 관계회복의 장애물로 작용한다. 그래서 장애물인 죄를 제거하는 것과 가해자에 대한 피해자의 태도를 바꾸는 것이 관계회복이라는 동전의 양면이라고 할 수 있다. R. R. Nicole, "C. H. and the Doctrine of Propitiation," *Westminster Theological Journal 17* (1954-1955), pp 117-157 도 보라.

8. 예를 들면 Mark Baer, "The Passion of Anger Can Be Used in Constructive Manner," Psychology Today, April 12, 2017, www.psychologytoday.com/intl/blog/empathy-and-relationships/201704/the-passion-anger-can-be-used-in-constructive-manner. 이 논문은 몇 가지 분명한 주장을 내세운다. (a) 토마스 아퀴나스가 제시한 기독교적 가르침에 따르면, 불의와 악행을 처리하고 싶은 갈망인 분노 자체는 거기에 교만과 오만이 따라오지 않고 과한 복수심을 표현하지 않는 경우에 한해 선한 것일 수 있다. (b) 정의에 대한 사랑과 착취당하는 사람들을 향한 사랑이 있다면 누구나 정의를 행하기 위한 동력으로 분노를 경험할 것이다.

9. Daniel C. Timmer, *A Gracious and Compassionate God: Mission, Salvation, and Spirituality in the Book of Jonah* (Downers Grove, IL: InterVarsity Press, 2011), p. 75.

10. James Montgomery Boice, *The Minor Prophets: An Expositional Commentary, vol. 1, Hosea–Jonah* (Grand Rapids, MI: Baker, 1983), p. 280.

Chapter 6

1. Daniel C. Timmer, *A Gracious and Compassionate God: Mission, Salvation, and Spirituality in the Book of Jonah* (Downers Grove, IL: InterVarsity Press, 2011), p. 77.

2. Peter C. Craigie, Twelve Prophets, vol. 1, *Hosea, Joel, Amos, Obadiah, Jonah* (Louisville, KY: Westminster Knox Press, 1984), p. 227.

3. Marta Bousells, "J. K. Rowling's Life Advice," *Guardian*, March 30, 2015. 이 졸업축사는 *Very Good Lives: The Fringe Benefits of Failure and the Importance of Imagination* (New York: Brown, 2008)으로 출간되었다.

4. Jack M. Sasson, *New Translation, with Introduction, Commentary, and Interpretation,* The Anchor Bible (New York: Doubleday, 1990), p. 157.

5. J. I. *Knowing God* (Downers Grove, IL: InterVarsity Press, 1973), p. 117. (《하나님을 아는 지식》, 정옥배 역, IVP)

6. Philip Rieff, *The Triumph of the Therapeutic: The Uses of Faith After Freud* (Chicago: University of Chicago Press, 1966).

7. Packer, *Knowing God*, pp. 118-119.

8. Augustus Toplady, "Rock of Ages"(찬송). 다음 글에서 인용. Packer, *Knowing God*, p. 119.

9. Jacques Ellul, *The Judgment of Jonah* (Grand Rapids, MI: Eerdmans, 1971), pp. 48-49. 엘륄은 이렇게 썼다. "요나가 물고기 배 속에서 구출되는 것이 기도 응답이라고 한다면 요나는 아직 응답받지 못했다. … 그러나 우리의 고통, 드라마, 상황을 총체적으로 맡아 주시는 하나님의 보살핌 아래 들어가는 것을 기도 응답이라고 본다면 그는 이미 응답을 받았다. 은혜는 결코 꺾이지 않기 때문에 그는 응답을 받는다. … 벌어진 사건만 놓고 보면 심판의 표지만 있을 뿐 호의적 개입의 징후는 없다. … 그러나 그가 회개하고 자신의 죄를 인정하고 정의로운 재판관의 선고를 인정할 [그리고 성전에서 벌어지는 속죄의 희생제사를 볼] 수 있게 되었다는 사실만으로도 그는 '주께서 나를 구하셨나이다'라고 말할 충분한 이유가 있다. 참으로 바로 여기서 큰 결단이 이루어진다."

10. James Montgomery Boice, *The Minor Prophets: An Expositional Commentary, vol. 1, Hosea–Jonah* (Grand Rapids, MI: Baker, 1983), p. 288.

11. Kevin J. Youngblood, *Jonah: Exegetical Commentary on the Old Testament*

(Grand Rapids, MI: Zondervan, 2013), p. 114.

– PART 3

Chapter 7

1. Daniel C. Timmer, *A Gracious and Compassionate God: Mission, Salvation, and Spirituality in the Book of Jonah* (Downers Grove, IL: InterVarsity Press, 2011), p. 94.

2. Jacques Ellul, *The Judgment of Jonah* (Grand Rapids, MI: Eerdmans, 1971), p. 97.

3. Thomas S. Kidd, "The North Korean Revival of 1907," *The Gospel Coalition*, 2017년 3월 2일. www.thegospelcoalition.org/blogs/evangelical-history/the-north-korean-revival-of-1907/; and Young-Hoon Lee, "Korean Pentecost: The Great Revival of 1907," Asian Journal of Pentecostal Studies 4, no. 1 (2001), pp 73-83를 보라.

4. William N. Blair and Bruce F. Hunt, *The Korean Pentecost and the Sufferings That Followed* (Edinburgh: Banner of Truth, 1977)를 보라.

5. P. Trible은 이렇게 썼다. "화자는 니느웨의 급격한 신학적 돌이킴을 알리지만 야훼 신앙으로의 개종에 대한 말은 없다." P. Trible, "Jonah," in *The New Interpreter's Bible*, vol. 7 (Nashville: Abingdon Press, 1996), p. 513.

6. Leslie C. Allen, *The Books of Joel* (Grand Rapids, MI: Wm. B. Eerdmans, 1976), p. 225.

7. Christopher J. H. Wright, *The Mission of God: Unlocking the Bible's Grand Narrative* (Downers Grove, IL: InterVarsity Press, 2013), p. 185. (《하나님의 선교》, 정옥배, 한화룡 역, IVP)

8. Timmer, *Gracious and Compassionate God*, p. 41를 보라.

9. 구약학자 H. L. Ellison은 현대의 독자들은 그리스도인들이 큰 도움이 필요한 도시와 장소로 가서 "단지 복음 전파라는 목적의 수단이 아닌 사회사업"에 참여하라는 부름을 받았음을 요나를 통해 배워야 한다는 결론을 내린다. 참고. R. E. Clements, "The Purpose the Book of Jonah," *Supplement to Vetus Testamentum* 1975): 18. 다음 글에서 인용. Baker, Alexander, and Waltke, *Obadiah, and Micah*, p. 86.

10. Trible, "Jonah," p. 516를 보라. 여기서 그녀는 전 계급을 아우른 니느웨의 회개가 "사회체제적 관심에 답한다"고, 도시들의 "집단적 사회적" 치유를 바라는 이들에게 격려를 안겨 준다고 말하고 있다.

11. Ellul, *The Judgment of Jonah*, p. 88.

12. 영어 원문은 English Standard Version의 번역이다.

13. Alec Motyer, *The Prophecy of Isaiah: An Introduction and Commentary* (Downers Grove, IL: InterVarsity Press, 1994), p. 109.

14. Martin Luther King Jr., "Letter from a Birmingham Jail," April 16, 1963, www.africa.upenn.edu/Articles_Gen/Letter_Birmingham.html.

15. Martin Luther King Jr., "I Have a Dream" (speech, Washington DC, August 28, 1963), www.americanrhetoric.com/speeches/mlkihaveadream.htm.

Chapter 8

1. Peter C. Craigie, Twelve Prophets, vol. 1, *Hosea, Joel, Amos, Obadiah, Jonah* (Louisville, KY: Westminster John Knox Press, 1984), p. 233.

2. Jacques Ellul, *The Judgment of Jonah* (Grand Rapids, MI: Eerdmans, 1971), p. 74.

3. 위의 책.

4. 위의 책.

5. Ellul, *The Judgment of Jonah*, p. 75.

6. 위의 책.

7. Jonathan Haidt, *The Righteous Mind: Why Good People Are Divided by Politics and Religion* (New York: Vintage, 2013), pp. xix, xx. (《바른 마음》, 왕수민 역, 웅진지식하우스)

Chapter 9

1. Jacques Ellul, *The Judgment of Jonah* (Grand Rapids, MI: Eerdmans, 1971), pp. 72-73.

2. Daniel C. Timmer, *A Gracious Compassionate God: Mission, Salvation, and Spirituality in the Jonah* (Downers Grove, IL: InterVarsity Press, 2011), p. 127.

3. Leslie C. Allen, *The Books of Joel* (Grand Rapids, MI: Wm. B. Eerdmans, 1976), p. 232.

4. Massimo Stoicism," Internet Encyclopedia of Philosophy, www.iep.utm.edu/stoicism을 보라.

5. James Bruckner, *The NIV Application Commentary: Jonah, Nahum, Habakkuk, Zephaniah* (Grand Rapids, MI: Zondervan, 2004), pp. 116-117.

6. New Century Version의 번역을 따른 것이다. 여기서 쓰인 히브리어 단어는 고통스럽고 괴로울 정도로 슬퍼하는 것을 말한다.

7. 기독교 신학자들도 이 언어가 하나님의 '자존성' 개념과 어떻게 들어맞는지 씨름해야 한다. Herman Bavinck, *Reformed Dogmatics, vol. 2* (Grand Rapids, MI: Baker Books, 2004), pp. 149-153를 보라(《개혁교의학》, 부흥과개혁사 역간). 이것은 하나님이 우주에 있는 또 하나의 대상이 아니라 모든 존재의 보존자시라는 역사적 기독교의 믿음을 담아낸 전문 용어이다. 하나님은 어떤 것에도, 누구에게도 의존하지 않으시고, 모든 것이 그분에게 온전히 의존한다. 우리는 하나님의 긍휼과, 우리를 향한 사랑 때문에 그분의 마음이 고통하신다고 말하는 여러 대목(창 6:6, 호 11:8-11)을 읽을 때 하나님이

변하시거나 어떤 식으로든 우리에게 의존하시는 것인지 묻지 않을 수 없다. 하지만 하나님이 진화하시거나 그분의 창조세계에 의존하신다는 '열린 유신론' 쪽으로는 조금도 움직여서는 안 된다. 하나님은 그분의 자유와 주권 안에서, 우리를 향한 그분의 사랑 때문에 슬픔이 생겨나는 것을 자발적으로 허락하신다. 우리가 사랑 때문에 고통과 슬픔을 겪는 것과 유사한 (똑같지는 않지만) 방식이라고 할 수 있다. 이번 장의 주 9번을 참고하라.

8. John Calvin, *Commentaries of the Twelve Minor vol. 3*, translated by J. Owen (Grand Rapids, Books, 1979), p. 141.

9. "The Emotional Life of Our Lord" in B. B. Warfield, *Person and Work of Christ*, edited by G. Craig (Philadelphia: The Presbyterian and Reformed Publishing Company, 1950), pp. 93-145를 보라.

10. Miroslav Volf, *Exclusion and Embrace: A Theological Exploration of Identity, Otherness, and Reconciliation* (Nashville: Abingdon Press, 1996), pp. 303-304. (《배제와 포용》, 박세혁 역, IVP)

11. James E. Dolezal, *All That Is in God: Evangelical Theology and the Challenge of Classical Christian Theism* (Grand Rapids, MI: Reformation Heritage Books, 2017)을 보라. 이 책이 자세히 설명하는 하나님의 '단순성' 교리는 하나님이 부분들로 이루어져 있지 않고 하나님 안에 있는 모든 것이 완벽한 단일체라는 역사적 교리다. 그러나 하나님의 단순성 교리를 가져와서 하나님이 그분의 창조세계에 대해 갖는 마음의 애착과 슬픔을 묘사하는 성경 본문을 무시하거나 가볍게 여기는 데 써서는 안 되며, 하나님이 우리를 용서하시려면 없어서는 안 될 대속의 필요성과 실재를 허물어뜨리는 데 써서도 안 된다. Joseph Minich, "A Review of James Dolezal's All That Is in God," The Calvinist International, August 31, 2017, https://calvinistinternational.com/2017/08/31/review-james-dolezals-god을 보라.

12. 출애굽기 33-34장에 대한 이 해석과 십자가가 우리에게 "모든 선한 것"을 보여 준다는 주장은 D. M. Lloyd-Jones, "The Goodness of God Made

Manifest," in *Revival* (Wheaton, IL: Crossway Books. 1987), pp. 225-236에서 빌려왔다. (《부흥》, 정상윤 역, 복있는사람)

13. Sinclair B. Ferguson, *Man Overboard: Study of the Life of Jonah* (Wheaton, IL: Tyndale House, 1981), p. 118.

– PART 4

Chapter 10

1. 이 중요한 개념에 대한 해설과 설명으로는 Sinclair Ferguson, *The Whole Christ: Legalism, Antinomianism, and Gospel Assurance—Why the Marrow Still Matters* (Wheaton, IL: Crossway Books, 2016), pp. 68-82를 보라.

2. 영어 원문은 King James Version이다.

3. Nicholas Kristof, "A Little Respect for Dr. Foster," *New York Times*, March 28, 2015, www.nytimes.com/2015/03/29/opinion/sunday/nicholas-kristof-a-little-respect-for-dr-foster.html을 보라.

4. John Newton, "Letter XVI Temptation," *Letters of John Newton* (Edinburgh: Banner of Truth Trust, 1960), pp. 94-95. "16번 서한: 유혹"의 모든 내용이 적절하다. (《존 뉴턴 서한집》, 이상원 역, CH북스)

5. Newton, "Letter XVI Temptation," p. 94.

6. 하나님이 우리 삶에서 고난을 통해 선한 일을 이루신다고 믿는 것은 옳지만, 고통받는 사람들에게 시련 속 하나님의 뜻을 말하는 성경 구절을 읊어대는 식으로 가볍게 대응해서는 안 된다. 삶의 폭풍을 겪고 있는 사람들을 만날 때는 '별일 아니라는 사람, 가르치려 드는 사람, 해결책을 들이미는 사람'이 되어서는 안 된다. 이 세 가지는 고난을 겪고 있는 사람들에게 전혀 도움이 안 되는 반응이다. 별일 아니라는 사람들은 이런 말을 한

다. "상황은 더 안 좋을 수도 있었어. 외국에서 가난하게 태어날 수도 있었지." 가르치려 드는 사람은 이렇게 말할 수 있다. "하나님은 당신에게 뭔가를 가르치고 계십니다. 그 교훈이 무엇인지 찾아보세요." 해결책을 들이미는 사람은 이런 식으로 말한다. "기운을 내고 X, Y, Z를 하면 이 상황을 헤쳐 나갈 수 있어요"(도움이 안 되는 이 세 가지 반응은 Kate Bowler가 "What to Say When You Meet the Angel of Death at a Party," New York Times, January 26, 2018 에서 제시했다). 고난을 당하는 이들을 돕는 더 나은 방법은 예수님이 마리아의 오빠 나사로가 죽었을 때 보이신 모습(요 11: 32-36)처럼 그들과 함께 울고 사랑을 베푸는 것이다.

7. John Newton, "I Will Trust, and Not Be Afraid," in "Olney Hymns," in John Newton and Richard Cecil, *The Works of John Newton, vol. 3* (London: Hamilton, Adams, 1824), p. 609.

8. John Stott, *The Cross of Christ* (Downers Grove, IL: InterVarsity Press, 1986), p. 276. (《그리스도의 십자가》, 황영철 역, IVP)

9. Stott, *Cross of Christ*, p. 292.

10. Jennifer Senior, *All Joy and No Fun: The Paradox of Modern Parenthood* (New York: HarperCollins, 2014), p. 44. (《부모로 산다는 것》, 이경식 역, 알에이치코리아)

11. Donald B. Kraybill et al., *Amish Grace: How Forgiveness Transcended Tragedy* (San Francisco: Josey-Bass 2007), pp. 114, 138.

12. Ernest Gordon, *Through the Valley of the Kwai* (New York: Harper, 1962), pp. 104-105.

13. J. K. Rowling, *Harry Potter and the Sorcerer's Stone* (New York: Scholastic Press, 1999), p. 299. (《해리 포터와 마법사의 돌》, 김혜원 역, 문학수첩)

14. Stott, *Cross of Christ*, p. 159.

15. George Buttrick. 다음 글에 인용. Stott, *Cross of Christ*, p. 158.

16. Stott, *Cross of Christ*, pp. 159-160.

Chapter 11

1. 유대인들의 눈에 사마리아인들은 "사회-종교적 왕따"였다. Joel B. Green, *The Gospel of Luke*, *The New International Commentary on the New Testament* (Grand Rapids, MI: Wm. B. Eerdmans, 1997), p. 431.

2. Green, *Gospel of Luke*, p. 432.

3. 이 교리를 이해하기 쉽게 다룬 자료로 Anthony A. Hoekema, *Created in God's Image* (Grand Rapids, MI: Wm. B. Eerdmans, 1994)가 있다. (《개혁주의 인간론》, 류호준 역, 기독교문서선교회)

4. John Calvin, *Institutes of the Christian Religion*, vol. 1, edited by John T. McNeill, translated by Ford Lewis Battles, The Library of Christian Classics (Louisville, KY: Westminster John Knox Press, 2011), pp. 696-697. 강조는 저자 추가.

5. Calvin, *Institutes of the Christian Religion*, p. 698.

6. 그리스도인들과 지역 교회가 동네와 도시의 공공선을 위해 일할 수 있는 방법을 탐구한 중요한 학술서가 나와 있다. Luke Bretherton, *Resurrecting Democracy: Faith, Citizenship, and the Politics of a Common Life* (Cambridge: Cambridge University Press, 2014). Bretherton은 "종교적 문화적 배경이 아주 다양한 곳에서 어떻게 공공생활에 기여할 수 있을까?"라는 질문을 다룬다. 그는 교회와 그리스도인들이 "광범위한 공동체 조직화"에 참여할 것을 촉구한다. 신자들이 전혀 다른 신념을 가진 사람들과 모여 지역 내 모든 주민의 생활을 개선할 방법을 찾고 변화를 위해 협력하라는 것이다.

7. 신자들은 정치 분야와 정부에서 신실하게 섬길 수 있고, 그 정부를 기독교 정부로 바꿀 의무는 없다는 것을 알아야 한다. 다니엘은 이교도 왕에게 가난하고 압제받는 자들을 공의롭게 대할 것을 촉구하고(단 4:27), 아모스 1-2장은 하나님이 이교 국가들의 행동에 책임을 물으신다는 것을 보여 준다. 다니엘도 아모스도 이교도들에게 하나님을 주님으로 인정하라고 하지 않고, 이방 정부에 온전한 기독교적 윤리기준을 지키라고 촉구하지도 않는다. 그들은 다만 황금률("남에게 대접을 받고자 하는 대로 너희도 남에게 대접하라" - 역주)에 준하는 것을 지키라고 권고한다. 아모스와 다니엘이 그

랬던 것처럼, 기독교 목회자들은 이교도 정부에 대해 황금률 수준의 사회 정의와 공정함은 요구할 수 있다.

8. 고대 이스라엘에서 참된 종교를 증진하고 이단을 처벌하는 것은 국가의 역할이었다. 따라서 이스라엘은 신정 국가였다. 하지만 신약성경에서 예수님은 "가이사의 것은 가이사에게, 하나님의 것은 하나님께 바치라"(마 22:21)라고 말씀하신다. (나를 포함한) 많은 이들이 이 말씀을 교회와 국가의 관계가 "국교를 인정하지 않는" 관계로 변했음을 의미한다고 본다.

이것은 어떤 정부가 완전하게 "종교적으로 중립적"일 수 있다는 뜻은 아니다. 모든 정치질서는 도덕적 선에 관한 모종의 비전에 근거한다. 정부는 개인의 절대적 자유를 믿는 후기 계몽주의적 신념을 받아들일 수도 있고 가족과 부족 연대에 대한 전통적 신념을 따를 수도 있다. 정부는 존 스튜어트 밀의 공리주의적 정의, 개인권 정의, 또는 아리스토텔레스의 덕의 윤리에 따른 정의 등 '정의'에 대한 다양한 뜻매김 중 하나를 받아들일 것이다. 그러나 이 견해들 중 어느 것도 경험적으로 증명될 수 없다. 이 견해들은 인간의 본성과 목적에 관한 신념에 근거한, 믿음에 바탕을 둔 도덕적 비전이다. 이것은 그리스도인들도 다른 모든 시민과 마찬가지로 개별 시민으로서 자신의 신념을 토대로 사회정책을 추구할 정당한 권리가 있다는 뜻이다.

하지만 이것은 한 종교나 교파를 국가의 공식교회로 삼으려 하는 것과는 다르다. 그렇다면 교회는 정치적 행동에 참여하는 개별 그리스도인들 -"흩어진 교회"- 을 배출하되, "모이는" 제도적 교회와 그 지도자들은 특정 정당 및 정치지도자들과 제휴해서는 안 된다. Daniel Strange, "Evangelical Public Theology: What on Earth? Why on Earth? How on Earth?" in *Higher Throne: Evangelical Public Theology*, edited by Chris Green (London: InterVarsity Press, 2008), pp. 58-61를 보라.

이것은 개별 그리스도인들의 '유기적' 교회는 문화 변혁을 해야 하지만 '제도적' 교회는 그래서는 안 된다는 아브라함 카이퍼의 가르침에 대한 공감을 지지하면서 동시에 비판적인 논평이다. 아브라함 카이퍼의 공공신학에 대한 더 길고 비판적이면서 궁극적으로는 공감대를 형성하며 지지

하는 논증(매킨타이어와 하우어워스 같은 비관론자들의 입장을 상당히 인정하면서도)으로는 James K. A. Smith, *Awaiting the King: Reforming Public Theology* (Grand Rapids, MI: Baker Academic, 2017)를 추천한다.

9. 복음 자체가 죄의 교리로 극단적 당파심의 기반을 허문다. 죄의 교리는 지구에 사는 인간의 삶을 망치는 악이 그리스도인들을 포함한 모든 인간의 마음에 깃들어 있다고 말한다. 정치적 좌파와 우파는 우리가 겪는 악이 특정 계층의 사람들로부터 주로 나온다고 - 좌파는 부유하고 힘 있는 사람들과 민족들이 문제라고, 우파는 가난한 사람들과 이민자들이 문제라고 - 주장하는 경향이 있다. 그러나 그리스도인들은 '전적 부패'의 교리를 믿는다. 어떤 민족, 계급, 성별도 다른 민족, 계급, 성별보다 더 죄악되거나 부패하지 않았다고 믿는 것이다. 물론, 좀 더 힘 있는 집단이 그들의 죄로 더 많은 피해를 끼칠 수 있지만, 그리스도인들은 힘 있는 사람들의 계급이 본질적으로 죄와 착취를 더 쉽게 저지른다고 생각해서는 안 된다.

전적 부패의 교리가 당파심의 기반까지 허무는 이유는 자본시장의 '보이지 않는 손'이나 정부의 힘이 물질적 자원의 할당에 있어서 본질적으로 더 신뢰할 만한 가이드라고 생각하지 못하도록 막아 주기 때문이다. 극단적 좌파는 국가보다 자본주의를 훨씬 더 의심하고, 극단적 우파는 정반대인 경향이 있다. 그러나 '시장'과 '국가'는 그저 인간들의 집합체일 뿐이다. 인간은 본질적으로 자기중심적이고 자신이 가진 권력을 사용하여 스스로에게 특혜를 주는 길을 찾아내기 마련이다.

우파와 좌파의 세속적 정치체제가 개인의 선택이나 국가나 자본주의를 우상으로 만들고, 그로 인해 특정 계급을 다른 계급보다 편애하여 공공선을 훼손하는 정책으로 이어지는 것이 사실이다. 그리고 신자들은 기독교 정당이라면 이 같은 문제에서 자유로울 거라고 생각해서는 안 된다. 그리스도인들은 죄의 교리에 의거하여 자기 자신도 믿지 말아야 한다. 우리의 죄악된 마음은 정통 교리의 틀 안에서도 권력 남용을 정당화하는 논리를 얼마든지 찾아낼 수 있기 때문이다.

10. Sean Michael Lucas, "Owning Our Past: The Spirituality of the Church in History, Failure, and Hope," *Reformed Faith and Practice: The Journal*

of Reformed Theological Seminary 1, no. 1 (May 2016), https://journal.rts. edu/article/owning-our-past-the-spirituality-of-the-church-in-history-failure-and-hope를 보라. 루카스는 장로교의 웨스트민스터신앙고백 31 장 4절을 논한다. "노회와 총회는 교회에 관한 것 이외의 사항을 다루거나 결정해서는 안 되고 국가와 관련된 사회 문제에 간섭해서도 안 된다. 단, 특별한 경우에 겸허하게 청원하는 형식을 취할 수는 있다." 많은 이들은 이 조항이 사회 문제에 대한 일체의 공식적 발언을 금지하는 것이라고 주장했다. 1840년대와 1850년대의 남장로교 교인들은 신앙고백의 이 대목을 근거로, 교회가 노예제 반대 목소리를 내야 한다고 주장하는 노예제 폐지론자들에게 맞섰다. 루카스는 이것이 사회적 함의가 있는 인종, 성, 가난의 문제에 관해 교회가 집단적으로 발언할 수 없다는 의미는 아니라고 설득력 있게 반론을 제시한다. 성경 자체가 이런 주제들을 다루고 있기 때문이다. 하지만 그는 웨스트민스터 신앙고백서에 따라, 교회는 선거정치에 참여하는 것을 여전히 크게 자제해야 한다고 생각한다.

11. 이것은 목사들과 기타 교회 지도자들이 정치적 현안에 대해 공적으로 발언할 때에 대단히 신중해야 한다는 뜻이다. 그들이 '일개 시민'으로 말한다 해도, 제도 교회를 공식적으로 대변하고 자신의 특정 견해가 유일한 성경적 또는 기독교적 정치적 입장이라고 주장하는 것으로 보일 수밖에 없기 때문이다. 몇 년 전, 사적인 대화 가운데 나는 중동의 이스라엘-팔레스타인 갈등에 대해 어떻게 생각하느냐는 질문을 받았다. 그리고 상대방은 진전을 이루는 길, 가능한 해결책 하나를 제안했다. 나는 제안 내용을 검토한 후 그것이 상당히 괜찮은 방법 같다고 말했다. 그러자 그는 모든 관계자들이 이 접근법을 채택하도록 촉구하는 공적 청원에 서명해 달라고 요청했다. 그런 요청을 받는 것은 영광이었지만 나는 곧장 거절했다. 나는 내가 서명 요청을 받은 이유는 큰 교회의 담임목사인지라 많은 사람을 대표하는 인물로 보이기 때문이었다. 그 특정한 정치적 해결책은 내가 볼 때 지혜로운 것이었지만 성경이 지시하는 바는 아니었다. 우리 교회 교인들은 자신의 양심에 따라 그 문제에 대해 다른 견해를 가질 자유가 있었고, 나는 많은 이들이 그렇게 한다는 사실을 알았다. 내가 교인 전체의 견해를 대표하는 것처럼 그 청원에 서명한다면 그들은 부당하다고

느낄 터였다. 내가 서명을 한다면 성경을 교회에 설교하는 임무를 맡은 목사로서 이렇게 말하는 것으로 보일 것이다. "이것이 이 문제에 대한 유일한 기독교적, 성경적인 정치적 입장입니다." 내가 일개 시민으로 서명한 것이라고 항변해도 소용이 없을 것이다. 누구도 내 서명을 그런 식으로 보거나 듣지 않을 터였다. 나는 복음과 기독교 신앙을 논란의 여지가 있는 하나의 정치적 프로그램과 연계시키는 것으로 보일 터였다. 정리하자면, 기독교 목회자와 지도자들은 신자들이 정치적으로 적극 활동하고 "빛"과 "소금"이 되도록 노력하고(마 5:13-16) 성경의 영향을 받은 지혜를 사용하여 공공선을 추구하도록 가르치고 격려해야 한다. 그러나 제도적 교회의 대표자인 그들은 당파적인 정치적 의제를 강요해서는 안 된다.

12. Craig Blomberg, *Neither Poverty nor Riches: A Biblical Theology of Possessions* (Leicester, UK: Apollos, 1999)를 보라. (《가난하게도 마옵시고 부하게도 마옵소서》, 박규태 역, IVP) 성경학자 크레이그 블롬버그는 부와 경제학에 대한 성경 자료를 검토한다. 그는 모세율법을 검토한다. (a)안식년 율법. 이에 따라 모든 계약하인들은 빚을 다 갚았든 못 갚았든 매 7년마다 자유롭게 풀려난다. (b)지주가 거두는 이익을 제한하는 수확법. (c)희년. 정당한 사업 거래로 잃은 토지는 희년법에 따라 50년마다 원주인에게 돌아간다. 블롬버그는 부와 재산의 사용을 정하는 성경의 규칙들은 현대의 모든 주요 경제적 모델에 이의를 제기한다는 결론을 내린다. 그 규칙들은 사회주의와도 민주적 자본주의와도 양립할 수 없다. 성경은 "(1)개인이 모은 소중한 재산을 무시하는 국가주의와 (2)공동체를 희생하고 개인들을 지키는 무제한적 개인주의 모두를 날카롭게 비판한다"(p. 46). 성경은 "시장의 힘과 국가 운영 사회 모두의 비인간화"(p. 83)를 가르친다.

13. James Mumford, "Package Deal Ethics," *Hedgehog Review* 19, no. 3 (Autumn 2017)를 보라. 이 자료는 www.jamesmumford.co.uk/package-deal-ethics-2에서도 볼 수 있다.

14. Larry Hurtado, *Destroyer of the Gods: Early Christian Distinctiveness in the Roman World* (Waco, TX: Baylor University Press, 2016)를 보라. 허타도는 초대교회가 특별한 '사회 프로젝트'에 헌신했다고 지적한다. 그것은 (a)다민족성과 민족 간 평등 (b)가난한 자들에 대한 강한 관심 (c)보복금지와 용서

(d)낙태와 영아살해 금지 (e)남녀 간 일체의 혼외 성행위를 금지하는 성윤리를 강조했다. 일부가 지적한 대로, 첫 번째 두 특성은 '민주당'의 주장처럼 들리고 마지막 두 특성은 '공화당'의 주장처럼 들리지만, 세 번째 특성 - 보복금지 - 은 어느 당의 주장과도 다르다!

15. 2018-2019년에 이 글을 읽는 독자들은 복음주의자들과 공화당을 생각할 것이다. 그러나 이런 일은 어떤 정치적 스펙트럼에서도 벌어진다. 아프리카계 미국인 그리스도인들에 대한 오늘날의 정치적 '일괄거래' 압력의 사례로 Justin E. Giboney, "Oddly, Neither Political Party Reflects the Values of Black Voters," The Hill, May 30, 2018, http://thehill.com/opinion/civil-389491-oddly-neither-political-party-reflects-the-values-of-black-voters를 보라. 아프리카계 미국인 그리스도인들과 가톨릭이 제시하는 사회적 가르침은 노동, 인종, 경제 분야에서의 '진보적' 가치와 성, 젠더, 낙태 영역에서는 '보수적' 가치를 결합한 내용이다.

16. Ernest W. Shurtleff, "Lead On, O King Eternal, the Day of March Has Come" (찬송), 1887.

17. Miroslav Volf, *Exclusion and Embrace: A Theological Exploration of Identity, Otherness, and Reconciliation* (Nashville: Abingdon Press, 1996), pp. 74-78.

18. Jonathan Haidt, "The Age of Outrage: What the Current Political Climate Is Doing to Our Country and Our Universities," City Journal, December 17, 2017, www.city-journal.org/html/age-outrage-15608.html을 보라.

19. Paul Gilroy, "Diaspora and Detours of Identity," in *Identity and Difference*, edited by K. Woodward (London: Sage/Open University, 1997), p. 302.

20. Volf, *Exclusion and Embrace*, p. 78.

21. Volf, *Exclusion and Embrace*, pp. 63-64.

22. C. S. Lewis, *The Voyage of the Dawn Treader* (New York: Harper Trophy,

2000), p. 110. (《새벽출정호의 항해》, 햇살과나뭇꾼 역, 시공주니어)

23. Volf, *Exclusion and Embrace*, pp. 40, 49.

24. Larry Hurtado, "A Different Identity," in *Destroyer of the Gods*, pp. 77-104를 보라.

25. J. R. R. Tolkien, *The Fellowship of the Ring*, anniversary ed. (New York: Houghton Mifflin, 2004), p. 442. (《반지원정대》, 김번영, 김보원, 이미애 공역, 씨앗을뿌리는사람)

26. 그리스도인들이 다원주의 사회에서 평화를 가져오고 다리를 놓는 역할을 감당하기 위해 활용할 수 있는 자원은 성육신의 본보기와 그리스도인의 특별한 정체성만 있는 것이 아니다. 여기 다른 두 자원을 소개한다.

(1) 기독교의 역사 교리는 극단적 정치적 견해로 이어질 수 있는 노스탤지어와 유토피아주의 기반을 약화시킨다. 진보주의자들은 과거를 어둠과 악이 가득한 시간이라고 보고, 우리의 유일한 희망은 정치를 통해 완전한 미래사회를 달성하는 데 있다고 믿는다. 반면, 보수주의자들은 종종 과거의 '황금시대'를 회상하고 현재와 미래를 결합투성이인 암울한 시간으로 본다. 그러나 아우구스티누스의 걸작 《하나님의 도성》은 성경적 역사관을 보여 준다. 그에 따르면, 과거, 현재, 미래는 인간의 악과 하나님의 보존하시는 은혜로 가득 차 있고, 우리는 현실주의와 소망을 모두 갖고 보다 정의로운 사회를 위해 일할 수 있다. 하지만 그리스도께서 재림하실 때까지는 우리 힘으로 온전히 정의로운 사회를 이룰 수 없다. 이런 역사관은 그리스도인들이 보수주의자들처럼 과거를 낭만화하거나 진보주의자들처럼 유토피아적 정치 프로젝트에다 소망을 두지 않도록 막아 준다.

(2) 은혜로만 얻는 구원의 교리는 평화로운 협력관계를 가로막는 기본 장애물의 기반을 약화시킨다. 사회심리학자 Jonathan Haidt는 이렇게 말했다. "개인과 사회로서 덕스럽게 살기 위해서는 우리 마음이 어떻게 만들어져 있는지 이해해야 한다. 우리는 자기 의를 내세우는 본성을 극복할 방법을 찾아야 한다." Jonathan Haidt, "The Psychology of Self-righteousness" (Krista Tippett와의 인터뷰), On Being, October 19, 2017,

https://onbeing.org/programs/jonathan-haidt-the-psychology-of-self-righteousness-oct2017/. 우리의 다문화적 다원주의 사회에서 끊임없이 양극화와 소외를 양산하는 것은 자기 의에서 나오는 독선이다. 어조나 언어로 상대를 비하하거나 악마처럼 묘사하거나 비인간화하지 않으면서도 반대 견해에 이의를 제기하고 강하게 비판할 수 있는데, 독선은 일상적으로 비하, 악마화, 비인간화를 일삼는다. John Inazu는 *Confident Pluralism: Surviving and Thriving Through Deep Difference* (Chicago: University of Chicago Press, 2016)에서 우리가 평화롭고 번영하는 다원주의 사회를 이루고 철저히 다른 신념을 가진 사람들과 협력하려면, 사람들이 관용(소름끼치는 견해를 가진 사람들까지도 존중하고 위엄 있게 대하는 것), 겸손(우리의 신념이 모두에게 자명한 것이 아님을 알고 우리가 그들에게 증명할 수 있는 정도의 한계를 인정함), 인내(소망을 품고 오랫동안 사람들 곁에 기꺼이 머무는 것)의 특성을 구사하여 말해야 한다고 주장한다. 이 세 가지 특성은 다음의 결과로 이어진다. (a)상대의 동기가 나쁘다고는 좀처럼 의심하지 않는다. (b)우리가 다른 사람을 완전히 파악했다고 쉽게 생각하지 않는다. (c)다른 사람의 견해가 함의하는 바에 대한 나름의 생각이 있더라도 그가 내세우지 않은 견해를 그런 뜻일 거라고 단정하지 않는다. (d)상대의 견해를 그 자신이 더 잘 말할 수 없을 만큼 설득력 있게 먼저 표현해 낼 때까지는 상대를 비판하지 않는다. 이 모든 태도와 기술은 단언컨대 우리 사이에서 일반적이지 않은 것이 되고 있다. 은혜로만 얻는 구원의 교리는 모든 인간이 똑같이 길을 잃었고 스스로를 구원할 능력이 없고 순전한 은혜로만 구원을 얻는다는 뜻이다. 이것은 그리스도인들 안에 관용, 겸손, 인내를 만들어낼 강력한 원천이다. 우리는 힌두교도나 무신론자와 대화할 때 우월감을 느낄 이유가 없다. 우리가 구원받는 것은 더 지혜롭거나 더 도덕적이어서가 아니라 오로지 은혜 때문이다. 그리스도인들이 진리를 갖고 있을지라도, 우리 마음에 남아 있는 죄 때문에 우리는 올바른 교리를 알면서도 충분히 선하게 되지 못한다.

27. Associated Press, "Dutch Call for End to Religious Violence," *NBC News*, November 9, 2004, www.nbcnews.com/id/6446342/ns/world_news-europe/t/dutch-call-end-religious-violence/#.Wm9sq5M-dmA.

28. Matthew Kaemingk, *Christian Hospitality and Muslim Immigration in an Age of Fear* (Grand Rapids, MI: 2018), p. 25. 이 멋진 사례를 알려 준 Derek Rishmawy에게 감사를 전한다.

29. 위의 책.

30. Kaemingk, *Christian Hospitality Muslim Immigration*, p. 26.

31. United Nations, "The World's Cities in 2016" (data booklet), no date, www.un.org/en/development/desa/population/publications/pdf/urbanization/the_worlds_cities_in_2016_data_booklet.pdf.

32. "Cities in Numbers: How Patterns of Urban Growth Change the World," *Guardian*, November 23, 2015, www.theguardian.com/2015/nov/23/cities-in-numbers-how-patterns-of-urban-growth-change-the-world.

33. Howard Peskett and Vinoth Ramachandra, "Jonah 1-4," in *The Message of Mission: The Glory of Christ in All Time and Space* (Downers Grove, IL: InterVarsity Press, 2003), p. 136.

34. 그렇지만 사람, 부, 권력이 시골에서 대도시로 이동하면서 시골 공동체들은 큰 어려움에 처했다. 이 지역에는 마약중독, 빈곤, 단기체류, 기타 사회문제들이 한 세대 전보다 훨씬 많다. 이런 지역들에서 사역하려면 새로운 기술과 자원이 필요하다. 이 지역들에는 새로운 교회가 많이 세워져야 하고 수많은 기존 교회들에도 갱신이 절실히 필요하다.

35. Peskett and Ramachandra, "Jonah 1-4," p. 136.

36. Tremper Longman III, *The NIV Application Commentary: Daniel* (Grand Rapids, MI: Zondervan, 1999), pp. 47-48.

37. C. S. Lewis, *The Abolition of Man* (New York: MacMillan, 1947), p. 35. 《인간폐지》, 이종태 역, 홍성사)

38. Charles Taylor, *Sources of the Self: The Making of the Modern Identity* (Cambridge, MA: Harvard University Press, 1989), p. 89는 널리 받아들여진 존 롤스의 도덕적 가치에 관해 말한다. pp. 342, 464, 510도 보라.

39. George Scialabba, "Charles Taylor's the Self: The Making of the Modern Identity: A Review," Dissent, September 1, 1990, http://georgescialabba. net/mtgs/1990/09/sources-of-the-self-the-making.html.

40. Scialabba, "Charles Taylor's Sources of the Self."

Chapter 12

1. Martin Luther, "An Introduction to St. Paul's Letter to the Romans," *Dr. Martin Luther's vermischte deutsche Schriften*, edited by Johann K. Irmischer, vol. 63 (Erlangen, Germany: Heyder and Zimmer, 1854), pp. 124-125.

2. "값싼 은혜"는 Dietrich Bonhoeffer, *The Cost of Discipleship* (New York: Touchstone, 1995), pp. 43-56를 보라. (《나를 따르라》, 김순현 역, 복있는사람)

3. 지그문트 프로이트는 그의 책 *The Joke and Its Relation to the Unconscious* (New York: Penguin, 2003), p. 109에서 Heinrich Heine가 이 말을 했다고 밝히고 있다. (《농담과 무의식의 관계》, 임인주 역, 열린책들)

4. J. I. Packer, *Knowing God* (Downers Grove, IL: InterVarsity Press, 1973), p. 124.

5. Arnold Dallimore, (Edinburgh: Banner of Truth, 1970), p. 183에서 인용.

6. Charles Wesley, "Amazing Love" (찬송), 1738.

7. Bryan D. Estelle, *Salvation Through Judgment and Mercy: The Gospel According to Jonah* (Phillipsburg, NJ: Presbyterian and Reformed Publishing, 2005), pp. 82-83.

8. Jack M. Sasson, *Jonah: A New Translation with Introduction, Commentary, and Interpretation*, The Anchor Bible (New York: Doubleday, 1990), p. 172. 다음 글에서 인용. Estelle, Salvation Through Judgment and Mercy, p. 82.

9. John Calvin, *Institutes of the Christian Religion*, edited by John T. McNeill, translated by Ford Lewis, vol. 1, The Library of Christian

Classics (Louisville, Westminster John Knox Press, 2011), p. 516.

10. Samuel Grandy, "I Hear the Accuser Roar" (찬송).

11. C. S. Lewis, *The Four Loves* (New York: Harcourt and Brace, 1960), p. 22. (《네 가지 사랑》, 이종태 역, 홍성사)

12. 위의 책.

13. Lewis, *Four Loves*, p. 26.

14. 위의 책.

15. Lewis, *Four Loves*, p. 29.

16. Lewis, *Four Loves*, p. 27.

17. 일부 해석자들은 요나를 이렇게 규정하는 것에 반대한다. 어떤 이들은 요나의 분노가 니느웨가 다른 민족이라는 것과는 관계가 없고, 그는 그렇게 사악하고 폭력적인 무리가 용서받을 수 있고 벌을 면한다는 사실이 괴로웠을 뿐이라고 주장했다. 다른 이들은 구원의 메시지를 들고 외국으로 간다는 것 자체가 하나님이 이스라엘을 거부하고 심판하시는 일의 일부임을 요나가 알고 있었다고 반박했다(예, 신 32:15-21). 이런 견해의 사례로는 Peter Leithart, *A House for My Name: A Survey of the Old Testament* (Moscow, ID: Canon Press, 2000), pp. 181-182가 있다. 레이하르트는 신명기 32장 21절이 하나님이 이방인들에게 가서서 그들에게 긍휼을 베푸심으로써 이스라엘을 심판하시고 그로 인해 유대인들에게 "시기가 나게" 하여 하나님께로 되돌리려 하시는 내용을 담고 있다고 주장한다.

실제로, 바울은 로마서 11장 19절에서 신명기 32장 21절을 인용하며 이것이 그리스도 시대에 하나님이 기독교회의 성장을 통해 하시는 일이라고 말한다. 레이하르트는 요나가 당시에도 신명기 32장 21절을 바울과 같은 방식으로 읽었을 거라고 주장한다. 하지만 그리스도 이전의 유대교 교사들이 해당 본문을 그런 식으로 이해했다는 증거는 없다. 요나가 니느웨에 가기를 거부한 이유에 대한 레이하르트의 설명은 창의적이지만 소수의 견해임이 분명하다.

또 다른 해석자들은 요나를 인종차별주의자라 부르는 것 자체가 반유대주의 행태일 수 있다고 제대로 경고한다. 그것은 인종적 편견과 선입견에 빠지는 보편적 인간의 경향을 지적하는 대신에 유대인만 비판하는 방법이 될 수 있다.

그렇지만 요나가 인종차별의 기미를 보이는 국수주의의 신봉자라는 증거가 너무 강력하다. 물론 그가 악행자들이 처벌받는 것을 보고 싶어 하는 것은 자연스러운 일이고, 앗수르의 수도가 이스라엘에 위협이 될 것을 우려하는 마음 역시 정말 이해할 만하다. 그러나 하나님의 메시지를 니느웨 사람들에게 전하라는 하나님의 직접적인 명령을 거부한 요나는 하나님의 뜻보다 이스라엘의 국가적 정치적 이해관계를 우선시한 결정을 내린 것이다. 자기 나라와 민족을 하나님보다 더 중요하게 여기는 것은 정의상 그것들을 우상으로 섬기는 것이다.

요나서가 인종차별적 국수주의를 다룬다는 다른 증거들도 있다. 많은 이들이 요나 이야기 전체가 모든 지점에서 "한결 같이 이방인들을 호의적으로 표현"한다는 점을 지적했다. 배에 탄 이방인 뱃사람들과 니느웨 사람들에 비할 때, 요나는 무정하고 잔인하고 속이 좁아 보인다. Allen은 비신자들과 타민족 사람들에 대한 이런 공감적 견해는 "민족적 고난과 외국과의 대립의 유산으로 인해 원통함을 갖게 된" 유대인 공동체를 겨냥하여 등장한 것이라고 주장한다. Leslie C. Allen, *The Books of Joel* (Grand Rapids, MI: Wm. B. Eerdmans, 1976), p. 191.

하지만 인종차별, 외국인 혐오, 국수주의로 비판을 받는 것은 요나만이 아님을 알아봐야 한다. 하나님은 니느웨 사람들의 제국주의, 압제, 사회적 불의에 대해서도 질타하신다. 우리가 살펴본 대로, 이 지점에서 하나님은 앗수르 사람들에게 우상숭배를 중단하고 하나님을 섬기라고 촉구하시지 않았다. 요나의 메시지는 정의를 행하라는 촉구였다. 아모스도 이와 동일한 메시지를 열국에 전한 바 있다(암 1:1-2:3). 하나님은 이방 나라들에게 약자와 가난한 자들을 겨냥한 폭력을 중단하라고 말씀하신다. 아모스 본문은 사방 모든 나라에서 일어나는 불의와 국수주의를 규탄한다.

18. Paul Tillich, *Dynamics of Faith* (New York: HarperOne, 2009). 그는 신을 믿지

않는 것은 "우리 존재의 의미에 계속 관심을 갖지 않는" 일이 될 테고, 따라서 "하나님은 하나님의 이름으로만 부인할 수 있다"(p. 52)고 썼다. (《믿음의 역동성》, 최규택 역, 그루터기하우스)

19. David Foster Wallace, "David Foster Wallace in His Own Words" (졸업축사, Kenyon College, May 21, 2005), 1843, September 19, 2008, http://moreintelligentlife.com/david-foster-wallace-in-his-own-words. Dave Eggers, The Best Nonrequired Reading 2006, 1st ed. (Wilmington, MA: Mariner Books, 2006), pp. 355-364에 실린 글도 보라.

20. John Newton, *Olney Hymns*, 1779. 다음 글에서 인용. J. I. Packer, Knowing God (Downers Grove, IL: InterVarsity Press, 1973), p. 229.

The
Prodigal
Prophet